Also by Quick Solutions

Maestría en Seducción: *Ciencia y Arte para Relaciones Auténticas.*
Madre Primeriza: De la Panza a la Vida
Parejas Conectadas: Construyendo Relaciones Saludables y Duraderas
Emprende Online: *Tu Guía Definitiva para Crear Negocios Exitosos en la Era Digital*
Estrategias de Marketing para Pequeñas y Medianas Empresas
El Camino del Coach: *Cómo Convertirte en un Líder Transformacional*
El Arte de la Viralización en Redes Sociales
Neuroventas: *La Ciencia de Conectar y Vender*
Vendedor moderno: Las Reglas Brutales del Éxito en Ventas
Maestría en Operaciones y Logística
Estrategia Digital: Potencia tu Negocio con Big Data y Data Science

Hexágono

El Hexágono del Cambio

Hexágono del Progreso

Los Hexágonos: Mas allá del Liderazgo

Standalone

Cómo Volverme Millonario

Deja De Ser Flojo

¿Estás Donde Quieres Estar?

Lo Peor en esta Vida es Malgastar los Talentos

No Hay Peor Negocio Que El Que No Se Hace

Todo Tiene Solución Menos la Muerte

@ESCUELA_DE_SOLUCIONES

Copyright © 2024 Quick Solutions Group

Todos los derechos reservados.

ISBN:

Diseño de Portada: Quick Solutions

Finanzas Estratégicas para Emprendedores:
El Camino Seguro al Éxito Financiero

Domina el Arte de Gestionar tu
Negocio con Inteligencia Financiera

QUICK SOLUTIONS

Quick Solutions Group (Escuela de Soluciones) *es un colectivo de profesionales dedicados a ofrecer orientación práctica y accesible para todo tipo de público. Compuesto por expertos en diversas áreas, este grupo se especializa en la creación de libros que abordan una amplia gama de temas, desde el desarrollo personal y profesional hasta la resolución de problemas cotidianos.*

Con un enfoque claro y directo, Quick Solutions Group se destaca por su capacidad de simplificar conceptos complejos, haciéndolos comprensibles para cualquier lector, sin importar su nivel de conocimiento previo. Su misión es empoderar a las personas mediante la educación, proporcionándoles herramientas útiles y aplicables para enfrentar los desafíos de la vida moderna.

La diversidad de temas tratados por Quick Solutions Group refleja la amplitud de la experiencia de sus miembros, quienes aportan sus conocimientos y vivencias para crear contenidos enriquecedores y de alta calidad. A través de sus publicaciones, este grupo busca no solo informar, sino también inspirar a sus lectores a tomar acción y mejorar sus vidas en todos los aspectos.

Quick Solutions Group *es, en esencia, una escuela de soluciones prácticas que se adapta a las necesidades de su audiencia, ofreciendo recursos valiosos que promueven el crecimiento personal y colectivo. Su compromiso con la excelencia y la utilidad de sus obras ha consolidado su reputación como un referente en el campo de la orientación y el desarrollo integral.*

INDICE

Introducción 7
Capítulo 1 1
Fundamentos Financieros Esenciales................................... 1
Capítulo 2 39
Planificación Financiera Estratégica.. 39
Capítulo 3 73
Gestión del Flujo de Caja 73
Capítulo 4 103
Opciones de Financiamiento Inteligente 103
Capítulo 5 137
Inversión y Crecimiento Empresarial 137
Capítulo 6 169
Gestión de Riesgos Financieros 169
Capítulo 7 201
Optimización de Costos y Maximización de Ganancias 201
Capítulo 8 231
Tecnología y Finanzas.. 231
Capítulo 9 263
Finanzas Personales para Emprendedores................................ 263
Conclusión... 291
Reflexiones y Próximos Pasos hacia el Éxito Financiero 291
Apéndices 297
Glosario de Términos Financieros 305

¡Los 100 Consejos para Emprendedores!.................................... 307
Bibliografía 319

Introducción

El mundo empresarial moderno exige un entendimiento profundo y estratégico de las **finanzas** para garantizar el éxito y la sostenibilidad de cualquier negocio. Ya no basta con tener una buena idea o un producto innovador; para crecer y prosperar, los empresarios y gestores deben dominar el arte de la **gestión financiera**. En este libro, nos adentraremos en las herramientas, conceptos y estrategias necesarias para **tomar el control de las finanzas** de tu empresa y, lo más importante, **alcanzar el éxito** financiero.

Cómo este Libro te Ayudará

Este libro está diseñado como una **guía práctica y estructurada** para aquellos que buscan mejorar su comprensión y manejo de las finanzas empresariales, independientemente del tamaño o sector de su organización. Ya seas un **emprendedor** que recién comienza, un **propietario de pequeña empresa** buscando crecer, o un **ejecutivo** al mando de una empresa consolidada, este libro te proporcionará los conocimientos y las **habilidades financieras esenciales** para tomar decisiones informadas y estratégicas.

1. Conocer las Finanzas de Tu Empresa

El primer paso para **tomar el control de las finanzas** es **entender a fondo** cómo funcionan. Las empresas, al igual que los organismos, dependen de sistemas financieros bien estructurados para mantener su operación diaria y para crecer a largo plazo. A través de este libro, aprenderás a **leer e**

interpretar los estados financieros de tu empresa, lo que te permitirá tomar decisiones informadas.

- **Estados financieros clave**: A través de capítulos dedicados, profundizaremos en los **balances, cuentas de resultados** y **flujos de efectivo**, desglosando cada uno para que comprendas cómo funcionan y qué información te ofrecen sobre la salud de tu empresa.
- **Análisis financiero**: El libro te guiará en la realización de un análisis financiero riguroso, utilizando herramientas como **ratios financieros** y **técnicas de comparación** para evaluar la **rentabilidad, liquidez, eficiencia** y **solvencia** de tu empresa.

2. Estrategias para Maximizar el Flujo de Caja

El **flujo de caja** es el alma de cualquier negocio. Sin un manejo adecuado de los flujos de ingresos y gastos, incluso las empresas más prometedoras pueden encontrarse en dificultades financieras. Este libro te proporcionará estrategias prácticas para **optimizar el flujo de caja** y garantizar que siempre haya suficiente dinero disponible para operar con eficacia.

- **Control de gastos**: Aprenderás a gestionar mejor los costos y a implementar **estrategias de reducción de gastos**, sin sacrificar la calidad de los productos o servicios que ofreces.
- **Maximización de ingresos**: Revisaremos tácticas comprobadas para **aumentar los ingresos** y mejorar

los márgenes de beneficio, desde la mejora de la eficiencia operativa hasta el **ajuste de precios** y **modelos de suscripción**.

- **Ciclo de conversión de efectivo**: Descubrirás cómo mejorar la velocidad a la que el dinero entra y sale de tu negocio, optimizando la **gestión de inventarios**, **cuentas por cobrar** y **cuentas por pagar**.

3. Planificación Financiera para el Éxito

Una parte fundamental del control financiero es la **planificación a largo plazo**. Este libro te proporcionará las herramientas necesarias para desarrollar un **plan financiero integral** que impulse el crecimiento de tu empresa y te prepare para los retos futuros.

- **Presupuestos y proyecciones**: Aprenderás a crear **presupuestos realistas** y a hacer **proyecciones financieras** que te permitan anticipar las necesidades de efectivo, prever escenarios futuros y tomar decisiones estratégicas antes de que surjan problemas.

- **Planificación fiscal**: Te guiaremos en la implementación de estrategias fiscales inteligentes que te permitan **maximizar los beneficios fiscales** y reducir la carga tributaria sin comprometer la ética o el cumplimiento legal.

- **Gestión del capital de trabajo**: Desarrollarás habilidades para manejar eficientemente el **capital de trabajo** y asegurarte de que tu empresa siempre tenga los recursos necesarios para continuar operando sin interrupciones.

4. Financiación Inteligente y Estructuración del Capital

Uno de los grandes desafíos para cualquier empresario es determinar **cómo financiar el crecimiento** de su negocio. Este libro te enseñará a **evaluar opciones de financiamiento**, desde préstamos bancarios tradicionales hasta **capital de riesgo** y **financiación colectiva**.

- **Deuda vs. capital**: Aprenderás a comparar las ventajas y desventajas de financiarse a través de deuda o mediante capital, y cuándo es apropiado recurrir a cada una.

- **Términos de financiamiento**: Revisaremos cómo negociar términos favorables en cualquier opción de financiamiento para reducir los costos a largo plazo.

- **Inversión de capital**: También exploraremos las mejores prácticas para la **inversión de capital**, asegurando que los recursos se utilicen de manera eficiente para maximizar el retorno de la inversión.

5. Control del Riesgo Financiero

Toda empresa está expuesta a **riesgos financieros**, y uno de los objetivos principales de la gestión financiera inteligente es **identificar** y **mitigar** estos riesgos. Este libro te proporcionará un marco para comprender los diferentes tipos de riesgos que enfrenta tu empresa, y te mostrará cómo puedes proteger tus activos y asegurar la estabilidad financiera.

- **Riesgos de mercado**: Aprenderás a manejar los riesgos derivados de fluctuaciones económicas, cambios en la industria y variaciones en las tasas de interés o tipos de cambio.

- **Riesgos operacionales**: Revisaremos estrategias para reducir los riesgos relacionados con la operación diaria de tu negocio, desde problemas en la cadena de suministro hasta el manejo de crisis inesperadas.

- **Seguros y coberturas**: Descubrirás cómo seleccionar las **pólizas de seguros adecuadas** y otras medidas de protección para limitar las pérdidas en caso de imprevistos.

6. Estrategias de Crecimiento Sostenible

El crecimiento empresarial es uno de los objetivos finales de toda buena gestión financiera, pero debe ser un crecimiento **sostenible** y **planificado**. Este libro te guiará en la formulación de estrategias que aseguren que tu negocio crezca de manera saludable, evitando los peligros del crecimiento desmedido o no planificado.

- **Expansión controlada**: Te mostraremos cómo **evaluar oportunidades de expansión** para determinar cuáles son viables y cuáles podrían poner en riesgo tus finanzas.

- **Diversificación**: Aprenderás las mejores prácticas para diversificar los flujos de ingresos y productos, reduciendo el riesgo de depender de un solo mercado o cliente.

- **Innovación y competitividad**: Revisaremos cómo las empresas exitosas utilizan sus recursos financieros para **innovar**, mantenerse **competitivas** y asegurar su lugar en el mercado a largo plazo.

7. Herramientas y Recursos para la Gestión Financiera

Finalmente, este libro te proporcionará un conjunto de **herramientas prácticas** y **recursos** que puedes utilizar para mejorar tu gestión financiera, desde **software de contabilidad** hasta aplicaciones móviles y **sistemas de planificación de recursos empresariales (ERP)** que facilitan la toma de decisiones basada en datos.

Este libro ha sido diseñado para que puedas **aplicar inmediatamente** los conceptos financieros en tu negocio. Con ejemplos prácticos, estudios de caso reales y ejercicios aplicados, aprenderás no solo a gestionar mejor las finanzas, sino también a **convertirte en un líder financiero** que puede guiar a su empresa hacia un éxito sostenible.

Capítulo 1

Fundamentos Financieros Esenciales

"Construyendo los Cimientos de tu Negocio"

Todo emprendimiento exitoso se construye sobre una base sólida de conocimiento financiero. Antes de adentrarse en estrategias de crecimiento o marketing, un emprendedor debe comprender los fundamentos financieros que rigen su negocio. La falta de conocimiento en esta área es una de las principales razones por las que muchas empresas fracasan en los primeros años de operación. Este capítulo tiene como objetivo proporcionarte una comprensión clara y accesible de los conceptos financieros esenciales, y cómo aplicarlos para construir una empresa sostenible y rentable.

Conceptos Clave que Todo Emprendedor Debe Conocer

Para gestionar de manera eficaz un negocio, es imprescindible que los emprendedores comprendan algunos conceptos financieros básicos. Estos términos, aunque a menudo se perciben como complejos, constituyen el **lenguaje esencial de las finanzas**, y su dominio es vital para la toma de decisiones informadas y estratégicas. A continuación, se detallan los principales conceptos que todo emprendedor debe conocer y manejar, acompañados de su aplicación práctica en la gestión empresarial.

1. Activos

Los **activos** son todos los recursos que una empresa posee y que tienen un valor económico. Estos activos pueden generar ingresos directos o indirectos, y se dividen en dos categorías principales: **activos tangibles e intangibles**.

- **Activos tangibles:** Son aquellos bienes físicos que la empresa posee, como inmuebles, terrenos, maquinaria, equipos y efectivo. Estos activos son fundamentales para la producción y operación del negocio. Por ejemplo, una empresa manufacturera podría tener como activos tangibles sus fábricas y la maquinaria que utiliza para producir sus bienes.

- **Activos intangibles:** Son aquellos que no tienen una presencia física, pero que aún así poseen un valor significativo para la empresa, como las patentes, derechos de autor, marcas registradas y la propiedad intelectual. Un buen ejemplo sería una empresa tecnológica que cuente con patentes sobre un software innovador.

La gestión eficiente de los activos implica no solo mantener y proteger estos bienes, sino también **maximizar su uso** para generar valor. Esto incluye la optimización del uso de maquinaria o la explotación de los derechos de autor para generar ingresos adicionales. Según Brigham y Houston (2021), un análisis adecuado de los activos es clave para identificar cómo mejorar la productividad de los recursos y asegurar un crecimiento sostenible de la empresa.

2. Pasivos

Los **pasivos** representan las **obligaciones financieras** que una empresa tiene hacia terceros. Estas obligaciones pueden ser de corto o largo plazo y reflejan las deudas y compromisos de pago que la empresa ha asumido en el curso de sus operaciones.

- **Pasivos corrientes:** Son las deudas a corto plazo que la empresa debe pagar dentro de un año, como cuentas por pagar, deudas a proveedores, sueldos pendientes y préstamos a corto plazo.

- **Pasivos no corrientes:** Son deudas a largo plazo que la empresa tiene la obligación de pagar en más de un año, como los préstamos bancarios a largo plazo o bonos emitidos por la empresa.

Un buen manejo de los pasivos es crucial para evitar problemas de liquidez y mantener una **estructura financiera equilibrada**. Si los pasivos superan los activos de una empresa, esto puede generar un desequilibrio que podría poner en riesgo la viabilidad del negocio. Además, la relación entre los activos y los pasivos es un indicador clave de la **solvencia** y **capacidad de pago** de la empresa, evaluada comúnmente a través del análisis del balance general (Brigham y Houston, 2021).

Aplicación práctica:

Las empresas deben gestionar sus pasivos cuidadosamente, asegurándose de tener **suficiente liquidez** para cumplir con sus obligaciones a corto plazo, mientras optimizan el uso de deuda a largo plazo para financiar expansiones o inversiones importantes. Mantener un equilibrio saludable entre los pasivos y los activos permite a las empresas aprovechar el apalancamiento financiero sin poner en peligro su estabilidad.

3. Capital

El **capital** es el valor residual que pertenece a los propietarios de la empresa después de restar todos los pasivos de los activos. También se conoce como el **patrimonio neto** y es el recurso financiero que los dueños o accionistas han invertido en el negocio. El capital incluye tanto el dinero inicial invertido en la empresa como las ganancias que se han reinvertido en el negocio a lo largo del tiempo.

- **Capital social:** Es la inversión inicial que los propietarios realizan para comenzar el negocio. En una sociedad por acciones, el capital social está representado por las acciones emitidas.
- **Capital contable:** Representa la suma de todas las aportaciones de los propietarios más las ganancias acumuladas y retenidas para reinversión.

El capital es un indicador clave de la **fortaleza financiera** de una empresa. Una empresa con un capital sólido tiene mayor capacidad para resistir periodos de crisis y financiar su expansión. El objetivo de cualquier negocio es aumentar su capital a medida que se vuelve más rentable y su valor de mercado crece.

Aplicación práctica:

El aumento del capital puede lograrse mediante la reinversión de las ganancias en lugar de distribuirlas todas entre los propietarios. Además, una empresa puede emitir más acciones o buscar nuevos inversionistas para aumentar su capital social y financiar el crecimiento sin recurrir a endeudamiento excesivo.

4. Ingresos

Los **ingresos** son el dinero que una empresa obtiene por la venta de sus productos o servicios. Los ingresos representan la entrada bruta de efectivo y constituyen uno de los indicadores más importantes del **rendimiento financiero** de una empresa. No deben confundirse con las ganancias, que representan el ingreso neto después de restar los gastos.

- **Ingresos operativos:** Provienen de las actividades principales de la empresa, como la venta de bienes y servicios. Por ejemplo, una tienda de ropa obtiene ingresos operativos al vender prendas.
- **Ingresos no operativos:** Son aquellos que provienen de actividades secundarias o extraordinarias, como inversiones financieras, venta de activos o dividendos recibidos.

El **crecimiento de los ingresos** es una de las principales señales de éxito empresarial, pero para evaluar la rentabilidad real es crucial comparar los ingresos con los gastos operativos. Un crecimiento desmesurado de los ingresos sin un control adecuado de los gastos puede llevar a una reducción de los márgenes de ganancia.

Aplicación práctica:

Las empresas deben centrarse en **maximizar los ingresos operativos** y buscar fuentes alternativas de ingresos no operativos para diversificar sus flujos de efectivo. El monitoreo constante del crecimiento de los ingresos en relación con los costos es esencial para mantener la rentabilidad a largo plazo.

5. Gastos

Los **gastos** son los costos en los que incurre una empresa para operar y generar ingresos. Estos pueden ser fijos o variables, dependiendo de su relación con el nivel de producción o ventas. La **gestión eficiente de los gastos** es clave para mantener un margen de rentabilidad saludable y asegurar la sostenibilidad del negocio.

- **Gastos fijos:** Son aquellos que no varían con el nivel de producción o ventas, como el alquiler, los sueldos y los servicios básicos. Estos gastos permanecen constantes independientemente de las fluctuaciones en los ingresos de la empresa.

- **Gastos variables:** Son aquellos que cambian en función de la producción o ventas, como la compra de materias primas o los costos de distribución. A medida que la empresa produce más, los gastos variables aumentan, y viceversa.

Para mejorar la rentabilidad de una empresa, es fundamental **controlar los gastos**. Esto implica analizar detenidamente cada tipo de gasto, reducir aquellos que no sean esenciales y optimizar los procesos operativos para disminuir los costos. Los emprendedores deben identificar las áreas donde los gastos puedan ser **reducidos sin comprometer la calidad** de los productos o servicios.

Aplicación práctica:

Implementar un sistema de **presupuestación eficiente** es fundamental para controlar los gastos. Las empresas pueden adoptar metodologías como el **presupuesto base cero (PBC)**, en el que se justifica cada gasto desde cero, lo que fomenta un uso más racional de los recursos. Además, es importante monitorear continuamente los gastos variables y buscar formas de optimizar las operaciones para mantener los costos bajo control.

Entender los conceptos financieros clave es el primer paso para tomar el control de las finanzas de tu negocio. Sin embargo, no podemos detenernos ahí. Es momento de profundizar en la herramienta que da sentido a esos conceptos: la contabilidad. Muchos emprendedores se sienten intimidados por ella, pero lo cierto es que no tiene que ser complicada. En la siguiente sección, verás que la contabilidad no es más que un lenguaje que, una vez dominado, te permitirá tomar decisiones informadas, prever problemas y, sobre todo, saber exactamente cómo está funcionando tu negocio. Prepárate para ver la contabilidad desde una nueva perspectiva: simple, clara y poderosa.

La Contabilidad Hecha Fácil

La contabilidad, lejos de ser un tema intimidante, es una herramienta indispensable que permite a los emprendedores **tomar decisiones informadas** y gestionar con eficacia sus finanzas. Después de dominar conceptos financieros clave como activos, pasivos, ingresos y gastos, el siguiente paso es comprender y utilizar los **estados financieros**. Estos documentos son fundamentales para evaluar la **salud financiera** de tu empresa y planificar estrategias de crecimiento sostenibles. En este apartado se detallan los tres estados financieros principales: el **estado de resultados**, el **balance general** y el **estado de flujos de efectivo**, cada uno con una función específica para la gestión financiera.

1. El Estado de Resultados

El **estado de resultados**, también conocido como **estado de pérdidas y ganancias**, muestra la **rentabilidad** de una empresa durante un periodo de tiempo determinado. Este informe revela los **ingresos** generados por las operaciones de la empresa y los **gastos** incurridos en ese mismo periodo, lo que permite calcular la ganancia neta (o pérdida) al final de dicho periodo.

Estructura del estado de resultados:

- **Ingresos operativos:** Son los ingresos generados por las actividades principales de la empresa, como la venta de productos o servicios. Este es el punto de partida del estado de resultados.

- **Costos de ventas o costos directos:** Incluyen los costos directamente relacionados con la producción o entrega de los bienes o servicios, como materias primas o mano de obra directa.

- **Margen bruto:** Representa la diferencia entre los ingresos y los costos directos. Es un indicador clave de la **eficiencia operativa**.

- **Gastos operativos:** Incluyen gastos generales y administrativos, sueldos, alquiler y costos relacionados con la operación del negocio.

- **Resultado operativo:** Es el margen bruto menos los gastos operativos, mostrando el beneficio antes de intereses e impuestos (EBIT).

- **Gastos no operativos:** Estos pueden incluir intereses sobre préstamos o pérdidas por inversiones.

- **Ganancia neta:** El resultado final después de restar todos los gastos. Si es positivo, la empresa obtuvo beneficios; si es negativo, reporta una pérdida.

El estado de resultados es una herramienta indispensable para medir la **rentabilidad de la empresa** y es utilizado por los emprendedores para identificar áreas de oportunidad, como la reducción de costos o el aumento de ingresos. La literatura financiera subraya que entender los márgenes de ganancia es clave, ya que revelan la **eficiencia operativa** y la capacidad de la empresa para generar beneficios a largo plazo.

2. El Balance General

El **balance general**, también conocido como **estado de situación financiera**, ofrece una fotografía de la empresa en un momento específico. Este documento es clave para comprender la **posición financiera** de la empresa, mostrando lo que posee (activos), lo que debe (pasivos) y el capital que pertenece a los propietarios (patrimonio o capital contable). A diferencia del estado de resultados, que refleja el desempeño financiero en un periodo de tiempo, el balance general captura la situación de la empresa en una fecha exacta.

Estructura del balance general:

- **Activos:** Incluye todos los recursos que posee la empresa, que pueden generar beneficios económicos futuros. Estos se dividen en:
    - **Activos corrientes:** Aquellos que se espera convertir en efectivo o consumir dentro del ciclo operativo normal (generalmente un año), como el efectivo, las cuentas por cobrar y el inventario.

- **Activos no corrientes:** Recursos a largo plazo como propiedades, plantas, equipos y activos intangibles (patentes, licencias).

- **Pasivos:** Son las obligaciones que tiene la empresa con terceros. Se dividen en:
  - **Pasivos corrientes:** Deudas que deben pagarse en el corto plazo (menos de un año), como cuentas por pagar y préstamos a corto plazo.
  - **Pasivos no corrientes:** Deudas a largo plazo, como préstamos bancarios o hipotecas.

- **Patrimonio o capital contable:** Es el valor residual de los activos una vez que se han pagado todos los pasivos. Representa la **inversión de los propietarios** en la empresa y las ganancias retenidas que se han reinvertido en el negocio.

El balance general permite evaluar la **solvencia** y la **liquidez** de la empresa, ya que muestra si los activos superan a los pasivos. Un balance general saludable es fundamental para el crecimiento a largo plazo, ya que refleja si la empresa tiene los recursos suficientes para **pagar sus deudas** y generar valor para los accionistas. Un análisis cuidadoso de este documento puede revelar si la empresa está acumulando demasiado endeudamiento o si está infrautilizando sus activos.

3. El Estado de Flujos de Efectivo

El **estado de flujos de efectivo** es una herramienta crucial que muestra cómo entra y sale el efectivo de la empresa en un periodo determinado. Este estado financiero revela **cómo se generan y utilizan los fondos**, lo que lo convierte en un indicador clave de la **liquidez** del negocio. El flujo de efectivo no solo refleja las operaciones comerciales, sino también las actividades de inversión y financiación de la empresa.

Estructura del estado de flujos de efectivo:

- **Flujo de efectivo de las actividades operativas:** Incluye el efectivo generado o utilizado por las operaciones principales del negocio. Esto incluye los ingresos por ventas, los pagos a proveedores, salarios y otros gastos operativos.

- **Flujo de efectivo de las actividades de inversión:** Refleja las compras o ventas de activos a largo plazo, como maquinaria, inmuebles o inversiones en otras empresas. Un flujo de caja negativo en esta sección puede ser positivo si indica que la empresa está invirtiendo en su expansión.

- **Flujo de efectivo de las actividades de financiamiento:** Muestra los movimientos de efectivo relacionados con el financiamiento externo, como la emisión de acciones, préstamos bancarios, el pago de dividendos o el pago de deudas.

El estado de flujos de efectivo es especialmente útil para identificar la **capacidad de la empresa para generar efectivo** de sus operaciones y si está utilizando los fondos de manera eficiente para financiar su crecimiento o reducir sus deudas. Mientras que el estado de resultados refleja las ganancias o pérdidas de la empresa, el estado de flujos de efectivo muestra si esas ganancias se traducen en **liquidez real**. Mantener un **flujo de caja positivo** es esencial para que la empresa pueda cumplir con sus obligaciones a corto plazo y tener margen de maniobra para invertir en oportunidades futuras.

Aplicación práctica:

El análisis del flujo de efectivo permite a los emprendedores anticipar **problemas de liquidez** y ajustar sus estrategias de inversión o financiación para mantener la **solvencia**. Por ejemplo, si el flujo de efectivo operativo es insuficiente para cubrir los gastos, la empresa podría necesitar optimizar su gestión de inventario, mejorar los tiempos de cobro a clientes o reducir gastos innecesarios.

En resumen, comprender estos tres estados financieros es fundamental para cualquier emprendedor que quiera tomar decisiones informadas y asegurar el éxito financiero de su negocio. El análisis combinado de estos documentos ofrece una visión integral de la **rentabilidad**, **liquidez** y **solvencia** de la empresa, permitiendo a los emprendedores ajustar sus estrategias en función de sus objetivos a corto y largo plazo.

Ya conoces los conceptos clave y cómo llevar la contabilidad de tu negocio de manera sencilla. Pero esto es solo el principio. La educación financiera es lo que realmente te permite ir más allá de las tareas básicas y empezar a crear estrategias que impulsen el crecimiento de tu empresa. En esta sección, exploraremos por qué invertir en tu educación financiera es una de las mejores decisiones que puedes tomar como emprendedor. Cuanto más sepas sobre finanzas, más herramientas tendrás para anticipar problemas, aprovechar oportunidades y liderar tu negocio hacia el éxito. El conocimiento es poder, y en el mundo de las finanzas, es tu mejor recurso.

Por qué la Educación Financiera es el Mejor Recurso

Dominar los conceptos financieros no es solo una ventaja competitiva, es una **herramienta esencial** para cualquier emprendedor que quiera gestionar su negocio con éxito a largo plazo. La **educación financiera** permite a los empresarios tomar decisiones más acertadas, evaluar los riesgos con mayor precisión y aprovechar las oportunidades de crecimiento de manera estratégica. De hecho, diversos estudios han demostrado que las empresas cuyos líderes tienen una sólida formación financiera son más **resilientes**, más propensas a **superar crisis** económicas y tienen una mayor **probabilidad de éxito** sostenido.

1. La Educación Financiera y la Toma de Decisiones Estratégicas

La **toma de decisiones informada** es fundamental en cualquier negocio, y la educación financiera proporciona las herramientas necesarias para analizar datos, prever escenarios y optimizar los recursos. Los empresarios financieramente educados son capaces de interpretar de manera más precisa los **estados financieros**, como el balance general, el estado de resultados y el flujo de caja, lo que les permite tomar decisiones estratégicas basadas en la **realidad económica** de su empresa y no en suposiciones.

Por ejemplo, el entendimiento profundo de los **indicadores financieros clave**, como el **margen bruto**, el **retorno sobre la inversión (ROI)** o el **flujo de caja operativo**, permite a los emprendedores identificar áreas de mejora en la eficiencia operativa, gestionar mejor sus activos y mantener una **liquidez adecuada**. Esto es vital, ya que decisiones basadas en **indicadores incorrectos o mal interpretados** pueden llevar a inversiones fallidas, problemas de liquidez o incluso la quiebra.

Diversos estudios académicos han respaldado esta afirmación. Según investigaciones publicadas en el *Journal of Financial Education*, los empresarios con una formación financiera adecuada son capaces de **prever tendencias económicas**, responder más rápido a los cambios del mercado y **optimizar el uso de recursos financieros** (Fernandes et al., 2014). Estos empresarios, al estar mejor preparados para identificar oportunidades de inversión o expansión, son menos propensos a cometer errores financieros que puedan comprometer la estabilidad de su empresa.

2. Identificación de Oportunidades y Gestión del Riesgo

Uno de los beneficios más evidentes de la educación financiera es la **mejora en la capacidad para identificar oportunidades** y gestionar los riesgos asociados. Un emprendedor que comprende los fundamentos financieros puede evaluar más eficazmente la **viabilidad económica** de nuevos proyectos o mercados. Por ejemplo, cuando un empresario financieramente educado se enfrenta a una oportunidad de expansión, es más probable que pueda **analizar los costos, proyectar los ingresos** y medir el riesgo involucrado de manera precisa.

La **gestión de riesgos** también es un área clave en la que la educación financiera marca una gran diferencia. Los emprendedores deben ser capaces de **identificar, evaluar y mitigar** los riesgos financieros para proteger sus negocios. Esto incluye la capacidad para gestionar la **deuda**, controlar el **flujo de caja** y prever problemas de **liquidez**. Los empresarios financieramente educados son capaces de crear **planes de contingencia** sólidos y tomar decisiones informadas sobre el uso de apalancamiento financiero o la búsqueda de financiación externa.

Además, la educación financiera proporciona las bases para entender los **productos financieros complejos**, como los derivados, las opciones de financiamiento a largo plazo o la utilización de instrumentos como los seguros para cubrir riesgos operacionales o financieros. El manejo adecuado de estas herramientas permite al emprendedor proteger su empresa de eventos inesperados que puedan afectar su estabilidad.

3. Educación Financiera como Clave para la Sostenibilidad Empresarial

Uno de los aspectos más importantes de la educación financiera es su impacto directo en la **sostenibilidad empresarial**. Las empresas cuyas operaciones están dirigidas por líderes con una comprensión sólida de las finanzas tienden a tener una mayor capacidad para adaptarse a entornos económicos cambiantes y mantenerse competitivas en el tiempo. Este enfoque hacia la sostenibilidad financiera permite que los emprendedores tomen decisiones a largo plazo, pensando en la **rentabilidad futura** y no solo en los beneficios inmediatos.

Por ejemplo, un empresario financieramente educado entenderá la importancia de reinvertir parte de las utilidades en activos clave, como nuevas tecnologías, maquinaria o desarrollo de productos, en lugar de simplemente retirar las ganancias como ingresos personales. La **reinversión estratégica** es fundamental para asegurar el crecimiento continuo del negocio. Según un informe del *Harvard Business Review*, las empresas que invierten continuamente en la mejora de sus capacidades operativas y en la innovación tienen una **mayor tasa de supervivencia** y éxito a largo plazo (Porter, 2017).

Además, la educación financiera fomenta una **cultura de ahorro y planificación** dentro de la empresa. Los emprendedores financieramente educados son más propensos a crear **fondos de emergencia** y a desarrollar estrategias de inversión que les permitan acumular capital y reducir la dependencia del crédito o de los préstamos externos. Esto es crucial para enfrentar tiempos de crisis o periodos de menor actividad económica, ya que las empresas con **respaldo financiero** adecuado pueden evitar caer en la quiebra o en problemas de solvencia.

4. Ahorro de Costos y Eficiencia Operativa

La **educación financiera** también es un recurso clave para mejorar la **eficiencia operativa** de una empresa y reducir costos innecesarios. Los emprendedores con conocimientos financieros pueden identificar de manera más eficiente áreas de desperdicio o gastos superfluos, lo que les permite optimizar sus procesos y mejorar sus márgenes de beneficio.

Por ejemplo, al tener una buena comprensión de los principios contables y de gestión financiera, un emprendedor puede aplicar **estrategias de reducción de costos**, como la **gestión del inventario just-in-time (JIT)** o la renegociación de contratos con proveedores. También pueden aplicar técnicas avanzadas de **presupuestación y control**, lo que les ayuda a mantener los gastos bajo control sin sacrificar la calidad de los productos o servicios ofrecidos.

Un estudio del *International Journal of Business and Management* demostró que los emprendedores que aplican estrategias de control financiero, como la **análisis de costos-beneficios** o la **planificación fiscal eficiente**, logran reducir costos operativos en un promedio del 20 %, lo que mejora significativamente su rentabilidad a largo plazo (Ahmed, 2018).

5. Preparación para la Innovación y el Crecimiento

Por último, la educación financiera es fundamental para preparar a los emprendedores para la **innovación** y el **crecimiento**. Un empresario que entiende cómo funcionan los flujos de efectivo, las proyecciones financieras y el análisis de costos estará mejor equipado para **planificar expansiones**, lanzar nuevos productos o ingresar a nuevos mercados. Además, la comprensión financiera permite a los emprendedores acceder a fuentes de financiamiento alternativas, como el **capital de riesgo**, el **crowdfunding** o los **préstamos a bajo interés**, lo que facilita el financiamiento de proyectos de innovación.

En la economía actual, donde la **tecnología y la globalización** juegan un papel central, las empresas que no innovan corren el riesgo de quedar obsoletas. La educación financiera permite a los emprendedores no solo sobrevivir en este entorno, sino también aprovechar las oportunidades de crecimiento y mantener una ventaja competitiva en el mercado global.

En resumen, la educación financiera proporciona a los emprendedores las herramientas y el conocimiento necesarios para gestionar con éxito sus negocios en un entorno económico complejo, reducir riesgos y maximizar el rendimiento de sus inversiones, lo que la convierte en un recurso fundamental para cualquier emprendedor.

Hablamos de conceptos, de contabilidad y de la importancia de la educación financiera, pero ahora es el momento de ver cómo todo esto cobra vida en la práctica. En la próxima sección, te compartiré ejemplos prácticos que te mostrarán cómo aplicar estos conocimientos a situaciones reales. Verás cómo decisiones financieras inteligentes pueden marcar la diferencia entre un negocio que sobrevive y uno que prospera. Porque no basta con entender la teoría: lo que realmente importa es cómo la aplicas en tu día a día como emprendedor. Aquí es donde la teoría se convierte en acción.

Ejemplos Prácticos

La **educación financiera** es una herramienta poderosa que no solo mejora la capacidad de los emprendedores para tomar decisiones informadas, sino que también les permite aplicar esos conocimientos directamente en sus negocios para resolver problemas reales. A continuación, se muestran ejemplos prácticos que ilustran cómo los conceptos financieros pueden impactar la gestión y el crecimiento de una empresa.

Caso de Estudio 1: María y la Gestión del Flujo de Efectivo

María es una emprendedora que dirige una **tienda de ropa en línea**. Aunque su negocio estaba generando ventas constantes, María enfrentaba problemas recurrentes con el

flujo de efectivo. A pesar de que veía crecer sus ingresos mensuales, notaba que su negocio a menudo carecía de efectivo suficiente para cubrir sus **pasivos**, como los pagos a proveedores, lo que afectaba la capacidad de la tienda para operar de manera fluida.

El problema central que María enfrentaba era la **falta de entendimiento de cómo sus pasivos estaban impactando su flujo de caja**. Al no gestionar adecuadamente las fechas de vencimiento de sus cuentas por pagar, María se veía obligada a utilizar fondos de emergencia o incluso préstamos para cubrir los costos operativos. Esto reducía la liquidez de su empresa y limitaba su capacidad para reinvertir en el crecimiento del negocio.

Después de recibir **educación financiera** sobre cómo interpretar el **estado de flujos de efectivo**, María adquirió una comprensión más clara de cómo el efectivo entraba y salía de su empresa. Aprendió a identificar los puntos críticos donde sus gastos superaban sus ingresos y a anticipar los momentos en que su flujo de efectivo se vería comprometido. Este nuevo conocimiento la llevó a tomar varias acciones importantes:

1. **Renegociación de términos con proveedores:** María se dio cuenta de que uno de los factores que afectaba su flujo de caja era la rigidez en los plazos de pago con sus proveedores. Negoció **plazos más largos** para pagar sus facturas, lo que le permitió mantener más efectivo disponible a corto plazo.

2. **Gestión proactiva de inventarios:** Utilizando los datos de su estado de flujos de efectivo, comenzó a realizar **pedidos más eficientes de inventario**,

ajustando sus compras de acuerdo con las temporadas de alta demanda. De esta manera, evitó gastos innecesarios en inventarios excedentes que se traducían en una salida de efectivo prematura.

3. **Planificación de reinversiones:** Con el flujo de efectivo bajo control, María pudo empezar a reinvertir en áreas clave de su negocio, como el **marketing digital** y la mejora de su plataforma en línea. Esto no solo aumentó su capacidad para atraer clientes, sino que también mejoró sus **activos**, lo que fortaleció la posición financiera general de su empresa.

El caso de María ilustra cómo la educación financiera permitió mejorar la **liquidez** y la **rentabilidad** del negocio al entender el flujo de caja, una de las lecciones clave que enseñan los expertos en gestión financiera. Los emprendedores que, como María, aprenden a analizar su flujo de caja están mejor preparados para gestionar de manera efectiva los pagos, optimizar el uso de sus recursos y tomar decisiones que favorezcan el crecimiento del negocio (Brigham y Houston, 2021).

Caso de Estudio 2: Juan y la Diferencia entre Ingresos y Ganancias

Otro ejemplo práctico es el caso de Juan, un emprendedor que lanzó una **empresa de tecnología** que ofrece soluciones de software para empresas. Inicialmente, Juan experimentó un rápido crecimiento en las ventas de su software, lo que lo llevó a pensar que su empresa estaba en excelentes condiciones financieras. Al ver un aumento constante en los **ingresos**, Juan asumió que su negocio era saludable y se enfocó principalmente en expandir su base de clientes.

Sin embargo, lo que Juan no entendía en ese momento era la **diferencia crucial entre ingresos y ganancias**. Si bien las ventas estaban creciendo, los **gastos operativos** de su empresa también lo estaban haciendo, en especial los costos asociados con el personal técnico y el desarrollo de software. Como resultado, los **márgenes de ganancia** eran mucho más bajos de lo que esperaba. En lugar de generar las ganancias esperadas, la empresa apenas estaba cubriendo sus costos y, en algunos meses, incluso incurría en pérdidas.

Después de participar en un programa de **educación financiera** y comprender mejor la importancia de los **indicadores de rentabilidad**, Juan comenzó a revisar sus **estados de resultados** de manera más detallada. Aprendió a diferenciar entre los ingresos brutos y las ganancias netas, lo que lo ayudó a tener una visión más clara de la verdadera salud financiera de su empresa. Esto le permitió tomar una serie de decisiones estratégicas que transformaron su negocio:

1. **Reducción de gastos operativos:** Juan realizó un análisis profundo de sus costos operativos y se dio cuenta de que muchos de los gastos asociados con el desarrollo continuo de su software podían reducirse sin comprometer la calidad. Optó por subcontratar algunas tareas especializadas a empresas externas, lo que redujo considerablemente los costos de nómina y gastos fijos.

2. **Enfoque en la maximización de ganancias:** En lugar de concentrarse únicamente en el crecimiento de las ventas, Juan comenzó a priorizar **márgenes de beneficio** saludables. Ajustó los precios de su software para reflejar mejor el valor que proporcionaba a los clientes, lo que le permitió aumentar sus márgenes sin perder competitividad en el mercado.

3. **Mejor administración del capital de trabajo:** Con una comprensión más clara de sus estados financieros, Juan ajustó su estrategia para gestionar de manera más eficiente el **capital de trabajo**. Esto incluyó la mejora de los plazos de cobro a clientes y la gestión más rigurosa de los costos de desarrollo.

Al final, Juan no solo logró **escalar su negocio** de manera más eficiente, sino que también mejoró significativamente su **rentabilidad** y **sostenibilidad a largo plazo**. La lección clave aquí es que entender la diferencia entre ingresos y ganancias es fundamental para la supervivencia y crecimiento de cualquier empresa. La teoría financiera subraya que un crecimiento acelerado sin una gestión adecuada de los costos puede generar problemas estructurales en la rentabilidad (Ahmed, 2018).

Reflexión sobre los Ejemplos

Estos ejemplos prácticos destacan cómo la **educación financiera** es crucial para emprendedores en diferentes sectores. Tanto en el caso de María, que logró superar problemas de flujo de caja mediante la renegociación de sus pasivos y la mejora de la gestión de inventarios, como en el caso de Juan, quien comprendió la importancia de maximizar las ganancias y reducir costos operativos, la formación financiera fue un **catalizador de cambio** en sus negocios..

Después de ver cómo se aplican los conceptos en ejemplos prácticos, pasemos a un nivel más profundo: los estudios de caso reales. En esta sección, analizaremos historias de emprendedores y empresas que enfrentaron desafíos financieros similares a los tuyos. Verás cómo tomaron decisiones estratégicas que no solo les permitieron salir adelante, sino también crecer y consolidarse. Cada estudio de caso es una lección vivida, llena de aprendizajes que puedes aplicar a tu propio negocio. Porque nada enseña mejor que ver cómo otros superaron obstáculos que alguna vez parecieron insuperables.

Estudios de Caso Reales

Estudio de Caso 1: Apple Inc.

Apple Inc., una de las empresas más exitosas y reconocidas a nivel mundial, es un modelo de buena **gestión financiera** y de cómo una administración estratégica puede impulsar la innovación y la competitividad global. Desde sus inicios, Apple ha sabido manejar con gran eficacia sus **activos**, **pasivos** y **capital**, lo que le ha permitido no solo sobrevivir a crisis económicas y fluctuaciones del mercado, sino también emerger como un líder indiscutido en su sector.

Manejo de Activos y Pasivos

Apple ha implementado una estrategia de **optimización de activos** que le ha permitido mantener una estructura financiera sólida. Una parte crucial de su éxito ha sido su capacidad para invertir en **activos tangibles** como fábricas y equipos, y en **activos intangibles** como patentes y derechos de autor, que se han convertido en la base de su innovación constante. La creación de productos de alto margen como el iPhone y el MacBook ha permitido a Apple mantener una alta rentabilidad, generando importantes flujos de caja que le han proporcionado una posición de liderazgo en el mercado.

Por otro lado, el manejo cuidadoso de sus **pasivos** ha sido clave para preservar su estabilidad financiera. Apple ha sabido gestionar su deuda de manera estratégica, utilizando la emisión de bonos a bajas tasas de interés para financiar sus operaciones sin comprometer la liquidez. En lugar de recurrir excesivamente a la financiación externa, Apple ha utilizado su **flujo de caja operativo** para cubrir muchos de sus gastos, como la inversión en investigación y desarrollo (I+D), al mismo tiempo que retribuye a los accionistas a través de dividendos y programas de recompra de acciones.

Innovación Financiera en Tiempos de Crisis

Incluso en tiempos de crisis, como la recesión económica de 2008 o la pandemia de COVID-19, Apple ha demostrado ser **resiliente** gracias a su prudente gestión de capital. Durante estos periodos, Apple no solo preservó sus recursos, sino que también continuó invirtiendo en innovación, manteniendo una **liquidez sólida** y evitando incurrir en deudas excesivas. Esta capacidad para **manejar las crisis** de manera efectiva es un testimonio de su robusta planificación financiera.

Uno de los aspectos clave de la estrategia de Apple ha sido su habilidad para generar **ingresos diversificados** a través de sus distintos productos y servicios. La compañía ha sabido equilibrar su enfoque entre productos físicos (como iPhones, iPads y MacBooks) y servicios digitales, incluyendo Apple Music, iCloud y la App Store, lo que le ha permitido no depender exclusivamente de una única fuente de ingresos. Según estudios de gestión financiera, esta estrategia de diversificación es fundamental para **reducir el riesgo financiero** y mantener una empresa rentable a largo plazo (Brigham y Houston, 2021).

Uso de Reservas de Efectivo

Otro aspecto crucial del éxito financiero de Apple ha sido la acumulación y uso estratégico de sus **reservas de efectivo**. Apple es conocida por tener una de las mayores reservas de efectivo del mundo, lo que le permite financiar sus operaciones sin depender de financiación externa costosa. Este capital se ha utilizado tanto para financiar sus expansiones globales como para invertir en I+D, lo que ha permitido a la empresa mantener su posición como líder en **innovación tecnológica**. Además, estas reservas han permitido a Apple resistir la volatilidad del mercado y actuar de manera flexible ante cambios económicos globales.

Este enfoque se alinea con la teoría financiera, que sugiere que una buena gestión del **capital de trabajo** y la retención de efectivo puede ser clave para que las empresas sobrevivan a las crisis y aprovechen las oportunidades de crecimiento cuando las condiciones lo permitan (Ahmed, 2018). Apple ha sido un ejemplo de cómo las reservas de efectivo pueden funcionar no solo como una **protección** contra la incertidumbre, sino también como un **recurso estratégico** para financiar proyectos de innovación a gran escala.

Estudio de Caso 2: Tesla, Inc.

Tesla, fundada por Elon Musk, es un excelente ejemplo de cómo una **gestión financiera efectiva**, combinada con una visión de futuro centrada en la innovación, puede llevar al éxito, incluso en una industria altamente competitiva como la automotriz. A pesar de enfrentar serios desafíos financieros en sus primeros años, Tesla ha sabido equilibrar cuidadosamente sus **activos** y **pasivos**, mientras invertía en **tecnología disruptiva** y **crecimiento exponencial**. Su éxito no solo ha revolucionado el mercado de los vehículos eléctricos, sino que también ha transformado el enfoque hacia las energías limpias y la sostenibilidad.

Manejo de Pasivos y Crecimiento

Desde sus primeros años, Tesla tuvo que lidiar con problemas de **flujo de efectivo** y altos niveles de deuda, especialmente durante la fase de desarrollo de sus primeros modelos de vehículos. A pesar de estos desafíos, Tesla adoptó una estrategia de financiamiento innovadora. En lugar de depender únicamente de la deuda, Tesla ha recaudado miles de millones de dólares a través de **ofertas públicas de acciones** y la emisión de bonos, atrayendo a inversores que creen en su visión de futuro.

Este enfoque le permitió financiar operaciones y cubrir los costos iniciales sin agotar por completo su flujo de efectivo operativo. Al mismo tiempo, Tesla fue capaz de gestionar sus **pasivos** de manera equilibrada, utilizando deuda de forma controlada para financiar la construcción de fábricas y el desarrollo de nuevas tecnologías, como baterías y sistemas de conducción autónoma. Según la teoría financiera, el manejo estratégico del apalancamiento puede permitir a las empresas financiar su expansión sin comprometer su solvencia, siempre que se mantenga un equilibrio adecuado entre deuda y capital (Brigham y Houston, 2021).

Flujo de Efectivo y Rentabilidad

Uno de los principales logros de Tesla ha sido su capacidad para gestionar el **flujo de efectivo**, a pesar de estar operando en una industria intensiva en capital. Durante sus primeros años, Tesla enfrentó dificultades para mantener un flujo de caja positivo, ya que los altos costos de desarrollo y producción superaban los ingresos generados por la venta de vehículos. Sin embargo, a medida que la demanda por sus modelos, como el **Model S** y el **Model 3**, creció, Tesla logró mejorar su flujo de caja operativo, permitiendo a la empresa reinvertir en su propio crecimiento sin depender exclusivamente de financiamiento externo.

Tesla también implementó una estrategia eficaz de **optimización operativa**, centrada en la reducción de costos de producción y el aumento de la eficiencia en sus fábricas, particularmente con la creación de la **Gigafactory**. Estas fábricas de gran escala, diseñadas para producir baterías y vehículos de manera más eficiente, ayudaron a Tesla a reducir sus costos operativos y mejorar sus márgenes de beneficio, lo que a su vez mejoró su **rentabilidad**.

La gestión efectiva de los flujos de efectivo de Tesla no solo le permitió **invertir en nuevas tecnologías**, como sistemas de baterías avanzadas y vehículos autónomos, sino también mantener la capacidad de financiar su expansión en mercados internacionales. Esta capacidad de mantener un flujo de caja positivo y sostenible es uno de los pilares del éxito financiero a largo plazo de la empresa, y se alinea con la noción teórica de que un flujo de efectivo operativo saludable es esencial para la viabilidad de cualquier empresa en expansión (Porter, 2017).

Inversión en Innovación

La inversión continua en **innovación** ha sido una de las piedras angulares del éxito de Tesla. La empresa ha sabido equilibrar su gasto en I+D con su necesidad de mantener operaciones sostenibles. A pesar de los altos costos iniciales, Tesla ha hecho apuestas audaces en tecnologías que redefinen el mercado automotriz, como los sistemas de baterías de larga duración y el desarrollo de vehículos autónomos. Estas innovaciones han permitido a Tesla **diferenciarse** de la competencia y construir una base de clientes leales, que confían en la visión de la empresa a largo plazo.

Además, Tesla ha aprovechado su conocimiento en energía renovable para diversificar sus operaciones, invirtiendo en **energía solar** y soluciones de almacenamiento energético. Esta diversificación no solo mejora la resiliencia de la empresa frente a los ciclos del mercado automotriz, sino que también abre nuevas oportunidades de ingresos, reduciendo su dependencia de un solo sector.

Tesla también ha demostrado que la **inversión en infraestructura**, como la creación de estaciones de carga en todo el mundo, es clave para asegurar el crecimiento futuro y consolidar su posición de liderazgo en la transición hacia la **movilidad eléctrica** y **sostenible**.

A lo largo de este capítulo, hemos cubierto los fundamentos financieros esenciales para cualquier emprendedor. Desde entender los conceptos clave y la contabilidad, hasta la importancia de educarte continuamente en finanzas, hemos visto cómo cada elemento contribuye a la estabilidad y el éxito de un negocio. Al llegar a las conclusiones, es momento de sintetizar todo lo aprendido y reflexionar sobre la importancia de aplicar estos conocimientos desde el primer día. Porque los fundamentos son la base sobre la que construirás el futuro de tu negocio, y ahora tienes las herramientas para hacerlo con confianza.

Conclusiones del Capítulo

Comprender los conceptos financieros esenciales y saber interpretar los estados financieros es una habilidad fundamental para cualquier emprendedor que aspire a gestionar un negocio exitoso y sostenible a largo plazo. Más allá de ser solo un aspecto técnico, el conocimiento financiero proporciona una visión clara de la situación económica de la empresa, lo que permite tomar decisiones estratégicas que impactan directamente en su crecimiento y estabilidad. Desde el momento en que un emprendedor empieza a operar, ya sea con un pequeño negocio o una empresa en expansión, entender los números es crucial para mantener un control efectivo sobre los recursos, identificar oportunidades de mejora y anticipar posibles desafíos.

El dominio de los **activos y pasivos** es clave para evaluar la estructura financiera de la empresa. Los activos representan todo lo que posee el negocio, desde efectivo hasta propiedades y equipos, mientras que los pasivos reflejan las obligaciones o deudas que se deben a terceros. Saber cómo equilibrar estos dos aspectos permite al emprendedor comprender el valor neto de su negocio y evaluar si las inversiones y las deudas están siendo gestionadas de manera eficiente. Mantener un control adecuado sobre los pasivos es especialmente importante para evitar un endeudamiento excesivo que pueda comprometer la viabilidad de la empresa en el futuro.

De la misma manera, comprender los **ingresos y gastos** ayuda a visualizar la rentabilidad de las operaciones diarias. Los ingresos son el motor que impulsa al negocio, pero también es esencial controlar de cerca los gastos para evitar fugas de recursos que pueden impactar negativamente en el margen de ganancias. Un emprendedor que conoce bien los ingresos y los gastos de su negocio está mejor preparado para ajustar sus estrategias, ya sea optimizando los costos o buscando nuevas fuentes de ingresos que impulsen la rentabilidad. Además, llevar un control preciso de estos elementos permite identificar tendencias que pueden ser aprovechadas para mejorar el rendimiento financiero en el largo plazo.

El **flujo de efectivo** es otro concepto crucial que debe dominarse. A menudo se dice que el flujo de efectivo es el "pulso" de un negocio, y no es exagerado afirmarlo. Sin un flujo de caja positivo y constante, incluso una empresa con grandes ingresos puede enfrentarse a problemas de liquidez, lo que dificulta el pago de proveedores, empleados o inversiones en crecimiento. Al aprender a leer y analizar los estados de flujo de efectivo, los emprendedores pueden asegurarse de que el dinero fluya adecuadamente por su negocio, lo que les permite planificar de manera más efectiva y evitar situaciones de crisis por falta de liquidez. Una gestión sólida del flujo de efectivo garantiza que el negocio pueda operar sin interrupciones y que esté preparado para aprovechar oportunidades de crecimiento.

La capacidad de interpretar correctamente los **estados financieros**, incluidos el balance general, el estado de resultados y el estado de flujo de efectivo, proporciona al emprendedor una herramienta poderosa para medir la salud financiera de su negocio. El balance general ofrece una instantánea de la situación financiera en un momento determinado, mientras que el estado de resultados muestra el rendimiento operativo a lo largo de un período. Juntos, estos documentos ofrecen una visión integral del rendimiento financiero, ayudando al emprendedor a tomar decisiones más informadas y estratégicas. Por ejemplo, los estados financieros pueden revelar la necesidad de ajustar precios, reducir costos operativos o invertir en nuevas áreas del negocio.

Además, contar con una sólida comprensión de los conceptos financieros no solo beneficia al emprendedor en su gestión diaria, sino que también es un aspecto crucial a la hora de buscar financiamiento o inversores. Los bancos, inversionistas o posibles socios siempre evaluarán la solidez financiera de una empresa antes de comprometerse, y un emprendedor que puede demostrar un control firme sobre las finanzas tiene más probabilidades de recibir apoyo financiero. Presentar estados financieros claros y bien estructurados es esencial para generar confianza y credibilidad ante potenciales inversores o entidades financieras.

En conclusión, el dominio de los conceptos financieros y la capacidad de leer e interpretar los estados financieros son habilidades esenciales para cualquier emprendedor que aspire a tener éxito y mantener la **sostenibilidad** de su negocio a largo plazo. Comprender los activos, pasivos, ingresos, gastos y el flujo de efectivo proporciona una base sólida para tomar decisiones informadas que impactan directamente en la rentabilidad y el crecimiento de la empresa. Al integrar este conocimiento en la gestión diaria del negocio, el emprendedor puede mejorar la salud financiera de la organización, anticiparse a posibles desafíos y garantizar una operación eficiente y estratégica. La educación financiera es, en última instancia, una inversión que rinde frutos en forma de estabilidad, confianza y capacidad para capitalizar nuevas oportunidades de crecimiento.

Antes de avanzar al siguiente tema, quiero compartir contigo algunos consejos prácticos que te ayudarán a aplicar los fundamentos financieros en tu negocio de manera efectiva. La teoría es esencial, pero lo que realmente transforma un negocio es cómo la implementamos en el día a día. En esta sección, encontrarás recomendaciones útiles que te permitirán comenzar con buen pie y evitar los errores más comunes que enfrentan muchos emprendedores al gestionar sus finanzas. Recuerda: cada paso que tomes, por pequeño que sea, puede marcar una gran diferencia en la estabilidad y el crecimiento de tu empresa.

Consejos y Recomendaciones
1. **Mantén tu contabilidad al día:** Llevar registros financieros precisos y actualizados te permitirá hacer ajustes a tiempo y prevenir problemas futuros.
2. **Supervisa el flujo de efectivo:** Un negocio puede ser rentable en papel, pero si no gestionas bien el flujo de efectivo, podrías enfrentarte a dificultades para cubrir los costos operativos.
3. **Invierte en educación financiera:** No subestimes el poder de estar informado. Cuanto más comprendas de finanzas, más preparado estarás para enfrentar desafíos empresariales.

Inteligencia Financiera

Ahora que tienes en tus manos consejos y recomendaciones prácticas, es hora de poner todo en marcha con ejercicios que te ayudarán a aplicar lo aprendido. En esta sección, te invito a que te ensucies las manos y practiques los conceptos financieros clave en tu propia realidad. Estos ejercicios están diseñados para que consolides los conocimientos y los adaptes a tu situación personal o empresarial. Porque la mejor manera de aprender es haciendo, y cuanto más practiques, más confianza ganarás para gestionar con éxito las finanzas de tu negocio.

Ejercicios Aplicados
1. **Elabora tu propio estado de resultados:** Analiza tus ingresos y gastos mensuales para identificar áreas de mejora.
2. **Haz un balance general de tu negocio:** Evalúa si tienes más activos o pasivos y piensa en cómo podrías optimizar tu estructura financiera.
3. **Analiza el flujo de efectivo:** Revisa cómo entra y sale el dinero en tu negocio y busca maneras de mejorar la liquidez.

Una vez que hayas practicado con los ejercicios, llega el momento de afinar tus habilidades con algunos trucos y tips que harán tu camino más fácil. Aquí te compartiré pequeñas estrategias que pueden ayudarte a mantener tus finanzas organizadas, a optimizar el tiempo y a evitar errores costosos. Estos tips te permitirán gestionar tu negocio de forma más ágil y efectiva, dándote la tranquilidad de saber que estás en control de cada aspecto financiero. Porque a veces, los detalles más pequeños son los que marcan la mayor diferencia.

Tips y Trucos

- **Automatiza tus finanzas:** Utiliza software de contabilidad que te ayude a mantener un control eficiente de tus números.

- **Haz revisiones periódicas:** No esperes hasta fin de año para revisar tus finanzas; hazlo de forma regular para asegurarte de que todo esté bajo control.

Finalmente, si sientes que quieres profundizar aún más en el mundo de las finanzas para emprendedores, aquí te ofrecemos una selección de recursos adicionales. Estos materiales te permitirán seguir creciendo y aprendiendo, desde libros recomendados hasta herramientas digitales que facilitan la gestión financiera. Porque el conocimiento es un recurso infinito, y cuanto más te prepares, mejor equipado estarás para tomar decisiones inteligentes y estratégicas que hagan crecer tu negocio. ¡No dejes de explorar, aprender y mejorar!

Recursos Adicionales

- **Libros recomendados:** "Padre Rico, Padre Pobre" de Robert Kiyosaki, "El inversor inteligente" de Benjamin Graham.

- **Cursos online:** Busca plataformas como Coursera o Udemy que ofrezcan cursos de finanzas empresariales y contabilidad para emprendedores.

Dominar los fundamentos financieros es solo el comienzo de un viaje mucho más amplio. Ahora que entiendes las bases, es momento de dar un paso adelante y comenzar a planificar con visión de futuro. La planificación financiera estratégica no es solo una hoja de ruta; es la brújula que guiará cada decisión empresarial hacia el éxito a largo plazo. En este siguiente capítulo, descubrirás cómo convertir los números en acciones, cómo fijar metas financieras sólidas y, lo más importante, cómo crear un plan que te permita navegar incluso en tiempos de incertidumbre. Prepárate para llevar tus conocimientos al siguiente nivel, porque el futuro financiero está en tus manos.

"No es lo que ganas, sino lo que ahorras lo que te hace rico." – **Warren Buffett**

Capítulo 2

Planificación Financiera Estratégica

"Diseña el Futuro de tu Empresa"

La planificación financiera estratégica es uno de los pilares fundamentales para el éxito y la sostenibilidad de cualquier negocio. No se trata simplemente de realizar proyecciones o asignar recursos, sino de construir una hoja de ruta que te permita alcanzar tus objetivos a largo plazo. Sin un plan financiero sólido, una empresa puede perderse en el caos de las operaciones diarias, sin una visión clara hacia el futuro. Este capítulo te guiará a través de los pasos necesarios para diseñar un plan financiero ganador y mantener el control de tu presupuesto, maximizando así tus probabilidades de éxito.

Cómo Crear un Plan Financiero Ganador

El proceso de creación de un plan financiero sólido es fundamental para el éxito y la sostenibilidad de cualquier empresa. Este plan actúa como un **mapa estratégico** que guía la toma de decisiones financieras, ayudando a los emprendedores a prever desafíos, aprovechar oportunidades y gestionar los recursos de manera eficiente. Un buen plan financiero involucra varios pasos clave, desde la **definición de**

objetivos financieros claros hasta la **proyección financiera** y el desarrollo de **planes de contingencia** que permitan enfrentar la incertidumbre del mercado.

1. Establecer Objetivos Financieros Claros y a Largo Plazo

El primer paso en la creación de un plan financiero es definir **objetivos financieros claros y alcanzables**. Estos objetivos deben ser **específicos, medibles, alcanzables, relevantes y definidos en el tiempo** (criterios SMART, por sus siglas en inglés). La definición clara de metas proporciona una hoja de ruta que guía las acciones de la empresa, permitiendo medir el progreso y hacer ajustes cuando sea necesario. Según la teoría de gestión estratégica, los objetivos bien formulados ayudan a alinear los recursos y las operaciones de la empresa hacia un crecimiento sostenido (Locke y Latham, 2002).

Tipos de Objetivos Financieros:

- **Corto plazo (1-2 años):** Estos objetivos suelen enfocarse en mejorar la **operación diaria** del negocio. Por ejemplo, aumentar los ingresos mensuales en un 10 %, reducir los costos operativos en un 5 % o mejorar el **flujo de caja**.

- **Mediano plazo (3-5 años):** Metas que implican el **crecimiento** o **expansión del negocio**, tales como adquirir nuevos activos, abrir una nueva sucursal o penetrar nuevos mercados. Estos objetivos suelen requerir inversiones más significativas y una planificación detallada para asegurar la rentabilidad.

- **Largo plazo (5 años o más):** Aquí entran las metas más ambiciosas, como la **internacionalización del negocio**, el **lanzamiento de nuevos productos** a gran escala o la **oferta pública de acciones**. Este tipo de metas implica una transformación estructural de la empresa y exige un enfoque continuo en la **innovación** y la **sostenibilidad** financiera.

Para cada uno de estos objetivos, es fundamental establecer un **cronograma realista** y vincularlo a **métricas financieras concretas** que permitan evaluar el progreso. Por ejemplo, si tu meta es aumentar los ingresos en un 20 % en los próximos 12 meses, debes desarrollar un plan detallado que incluya acciones concretas, como mejorar la estrategia de marketing, expandir la base de clientes o lanzar nuevos productos. Al vincular estos objetivos a métricas clave como el **margen de ganancia** o el **retorno sobre la inversión (ROI)**, se puede hacer un seguimiento constante del desempeño financiero.

2. Proyecciones Financieras

Una vez que se han establecido los objetivos, el siguiente paso es crear **proyecciones financieras realistas** que sirvan de base para evaluar el futuro desempeño del negocio. Las proyecciones financieras son estimaciones basadas en datos históricos y previsiones del mercado, y ayudan a los emprendedores a planificar tanto el crecimiento como los posibles desafíos financieros.

Elementos clave de las proyecciones financieras:

- **Proyección de ingresos:** Estimar los ingresos futuros que la empresa espera generar en un período específico. Esta proyección debe basarse en factores como las tendencias del mercado, el crecimiento en la base de clientes y los nuevos productos o servicios que la empresa planea lanzar. Un estudio de mercado detallado puede proporcionar datos valiosos sobre la demanda potencial de productos o servicios, lo que mejora la precisión de las proyecciones.

- **Proyección de costos y gastos:** Esta proyección incluye todos los gastos operativos necesarios para mantener el negocio, desde los **costos fijos** como alquileres y salarios, hasta los **costos variables** como materias primas o gastos de distribución. El control de los costos es crucial para maximizar la **rentabilidad** de la empresa, y es importante identificar tanto los costos recurrentes como los ocasionales.

- **Pronóstico de flujo de caja:** El flujo de caja es uno de los indicadores financieros más críticos, ya que mide la **liquidez** de la empresa. Un pronóstico adecuado de entrada y salida de dinero asegura que la empresa cuente con suficiente efectivo para cubrir sus obligaciones, como el pago a proveedores o los salarios de los empleados. Según Brigham y Houston (2021), un flujo de caja saludable es esencial para que las empresas puedan financiar su expansión sin recurrir a endeudamiento excesivo.

Las proyecciones financieras deben actualizarse regularmente para reflejar los cambios en el mercado o las condiciones internas del negocio. Herramientas como **hojas de cálculo avanzadas** o **software de planificación financiera** pueden ayudar a realizar proyecciones con precisión, permitiendo a los emprendedores hacer ajustes en tiempo real.

Beneficios de proyecciones financieras precisas:

- **Planificación del crecimiento:** Ayuda a determinar cuándo es el momento adecuado para expandir o invertir en nuevas oportunidades.

- **Prevención de problemas de liquidez:** Permite anticiparse a periodos de déficit de efectivo y planificar soluciones como la búsqueda de financiamiento externo.

- **Gestión de riesgos financieros:** Al conocer el impacto financiero potencial de diferentes escenarios, los empresarios pueden prepararse para responder rápidamente ante cambios inesperados en el entorno.

3. Análisis de Escenarios y Planes de Contingencia

El análisis de escenarios y la creación de **planes de contingencia** son componentes fundamentales de un plan financiero robusto. El **análisis de escenarios** permite a los emprendedores prever distintos escenarios posibles para su negocio, tales como una rápida expansión, una contracción del mercado o cambios imprevistos en la cadena de suministro. El objetivo es evaluar el impacto financiero de cada escenario y preparar un plan de respuesta adecuado.

Tipos de análisis de escenarios:

- **Escenario optimista:** Proyecta un crecimiento mayor al esperado, con aumento en la demanda y reducción de costos. En este caso, la empresa debe estar preparada para **escalar rápidamente**, asegurando que tiene la capacidad operativa y financiera para cumplir con la demanda.

- **Escenario conservador:** Representa un crecimiento moderado o la estabilidad del mercado. Aquí, el enfoque principal es la **eficiencia operativa**, manteniendo los costos bajo control y priorizando las inversiones en áreas clave.

- **Escenario pesimista:** Proyecta una caída en la demanda o un aumento en los costos. En este caso, la empresa debe contar con planes de **reducción de gastos**, como la optimización de inventarios o la renegociación de contratos con proveedores, para mantener la solvencia.

Desarrollo de planes de contingencia:

Los **planes de contingencia** son estrategias diseñadas para mitigar los riesgos financieros y garantizar la **resiliencia** del negocio ante situaciones adversas. Por ejemplo, un plan de contingencia podría involucrar la búsqueda de fuentes alternativas de ingresos si las ventas caen un 20 %, o la creación de un **fondo de emergencia** para cubrir gastos operativos en caso de una crisis económica. Las empresas también pueden recurrir a **líneas de crédito** preaprobadas o alianzas estratégicas que les permitan acceder a recursos adicionales en situaciones de necesidad.

El diseño de estos planes es crucial para que el negocio mantenga su **liquidez y operatividad** ante cambios inesperados. Según la investigación financiera, las empresas que desarrollan y actualizan regularmente sus planes de contingencia tienen mayores probabilidades de sobrevivir a crisis económicas y eventos disruptivos del mercado (Fernandes et al., 2014).

Ejemplos de planes de contingencia:

- **Disminución del 20 % en las ventas:** Una empresa que depende de un mercado específico podría considerar la diversificación hacia otros sectores o regiones geográficas para mitigar el impacto de una caída en la demanda.

- **Aumento inesperado en los costos de producción:** Si los costos de materias primas o insumos aumentan, el plan de contingencia podría incluir la búsqueda de proveedores alternativos o la renegociación de contratos existentes.

El análisis de escenarios y los planes de contingencia no solo preparan a la empresa para enfrentar **desafíos imprevistos**, sino que también proporcionan a los líderes empresariales una mayor capacidad para **adaptarse rápidamente** a las condiciones cambiantes del mercado.

Crear un plan financiero sólido es el primer paso para guiar a tu negocio hacia un futuro próspero, pero para que ese plan funcione, necesitas dominar una herramienta clave: el presupuesto. Un buen plan es solo tan efectivo como tu capacidad para manejar los recursos con precisión. En la próxima sección, exploraremos cómo el arte del presupuesto te permitirá asignar fondos de manera estratégica, anticipar gastos y asegurar que cada centavo que inviertas esté en sintonía con tus objetivos. Porque el presupuesto no es solo una hoja de cálculo, es la brújula que mantiene tu negocio en el camino correcto.

Domina el Arte del Presupuesto

El **presupuesto** es una de las herramientas más importantes para gestionar las finanzas de una empresa de manera eficiente. Permite a los emprendedores **planificar, controlar y optimizar** el uso de sus recursos, asegurando que las operaciones se mantengan dentro de los límites establecidos. Un presupuesto bien diseñado no solo proporciona una guía financiera para alcanzar los objetivos a largo plazo, sino que también ayuda a **monitorear** y **ajustar** las decisiones en función de los resultados financieros reales. A continuación, se examina el concepto de presupuesto y las técnicas más efectivas para mantenerlo bajo control, apoyándose en fundamentos académicos y técnicos de la gestión financiera.

1. ¿Qué es un Presupuesto?

Un **presupuesto** es una **estimación detallada** de los ingresos y gastos previstos para un período específico, generalmente de un año. Este documento actúa como una **brújula financiera**, ayudando a los emprendedores a planificar cómo se asignarán los recursos y a tomar decisiones informadas sobre el uso del dinero. A través del presupuesto, es posible proyectar si la empresa tendrá suficiente efectivo para cumplir con sus obligaciones o si será necesario ajustar ciertas áreas para **mejorar la eficiencia**.

El presupuesto establece una base para **monitorear el desempeño financiero** de la empresa, comparando los ingresos y gastos reales con los estimados, lo que permite identificar **desviaciones** y tomar medidas correctivas a tiempo. Como señala Brigham y Houston (2021), el presupuesto también es esencial para la planificación estratégica, ya que proporciona una imagen clara de las capacidades financieras y permite alinear las decisiones con los objetivos a largo plazo.

Componentes clave de un presupuesto:

- **Ingresos previstos:** Se estima cuánto planea la empresa ganar durante un período determinado. Esto se basa en proyecciones de ventas, contratos firmados o cualquier otra fuente de ingreso regular.

- **Gastos previstos:** Los costos operativos que la empresa tendrá que cubrir, divididos entre costos fijos (alquiler, salarios) y costos variables (materias primas, distribución). Un análisis detallado de los costos es crucial para mantener la **rentabilidad** y evitar el desperdicio de recursos.

- **Flujo de caja proyectado:** Permite prever si la empresa contará con **liquidez suficiente** para hacer frente a sus obligaciones en todo momento. Mantener un flujo de caja positivo es clave para la **estabilidad financiera** y el crecimiento sostenible.

El presupuesto proporciona a los emprendedores una base para **gestionar el riesgo financiero**, ya que permite prever posibles déficits o excedentes de caja y ajustar las estrategias de inversión o gastos en consecuencia. Según Ahmed (2018), la creación de un presupuesto también fomenta la disciplina financiera y es fundamental para la **supervivencia a largo plazo** de las empresas, especialmente en un entorno económico volátil.

2. Herramientas y Técnicas para Mantener tu Presupuesto Bajo Control

El manejo eficiente del presupuesto es esencial para garantizar que las **finanzas empresariales** se mantengan en equilibrio. Las empresas, tanto grandes como pequeñas, enfrentan la necesidad de **controlar los costos**, evitar déficits y maximizar sus recursos para obtener una mayor rentabilidad. Para ello, existen varias herramientas y técnicas que permiten al emprendedor mantener el presupuesto bajo control y garantizar que las metas financieras sean alcanzables.

a) Análisis de Variaciones

El **análisis de variaciones** es una técnica clave en la gestión presupuestaria que consiste en comparar los **resultados reales** con las estimaciones presupuestadas. Este análisis permite a los emprendedores identificar rápidamente **discrepancias** entre lo planeado y lo ejecutado, y actuar de inmediato para corregir las desviaciones.

¿Cómo aplicar el análisis de variaciones?

1. **Revisión periódica:** Es recomendable revisar los resultados financieros de manera mensual o trimestral para detectar **diferencias significativas**. Por ejemplo, si los costos de producción superan lo presupuestado, se debe analizar la causa, ya sea un aumento en los precios de las materias primas o un error en las proyecciones iniciales.

2. **Medidas correctivas:** Una vez que se identifican las variaciones, es esencial tomar **acciones correctivas** para reducir los costos o ajustar los ingresos previstos. Si las ventas han sido inferiores a lo esperado, podría ser necesario reforzar las estrategias de marketing o reconsiderar los precios de los productos.

El análisis de variaciones es una técnica efectiva para mantener un **control estricto** sobre el presupuesto y asegura que las **finanzas operativas** de la empresa estén alineadas con los objetivos financieros.

b) Software de Presupuesto

El uso de **software de gestión financiera** ha revolucionado la manera en que las empresas manejan sus presupuestos. Herramientas como **QuickBooks**, **Xero** o **Wave** permiten automatizar el proceso de seguimiento financiero, lo que facilita la tarea de realizar **ajustes en tiempo real** y monitorear el desempeño financiero de manera más eficiente.

Beneficios del uso de software de presupuesto:

- **Automatización de datos:** Estas plataformas permiten **automatizar** la entrada de datos financieros, lo que reduce los errores humanos y asegura que las cifras sean precisas y actualizadas. Además, el software permite conectar cuentas bancarias y sistemas de facturación para hacer un seguimiento en tiempo real de los ingresos y gastos.

- **Generación de informes financieros:** El software genera **informes financieros automáticos**, como análisis de flujo de caja, proyecciones de ingresos y comparaciones de presupuesto vs. realidad. Esto ofrece una visión clara y detallada del desempeño financiero, lo que facilita la toma de decisiones basadas en datos.

- **Alertas y notificaciones:** Muchas de estas herramientas permiten configurar **alertas** para advertir cuando el gasto excede el presupuesto establecido o cuando los ingresos caen por debajo de los niveles proyectados. Esto ayuda a evitar **sorpresas financieras** y permite a los empresarios realizar ajustes rápidamente.

El uso de software financiero ha demostrado ser particularmente útil para pequeñas y medianas empresas, ya que facilita la **optimización de recursos** y permite a los emprendedores enfocarse en áreas estratégicas, delegando las tareas financieras a sistemas automatizados (Fernandes et al., 2014).

c) Presupuesto Base Cero (PBC)

El **Presupuesto Base Cero (PBC)** es una técnica avanzada que implica justificar cada gasto desde cero, en lugar de partir del presupuesto anterior. En el PBC, todos los gastos se evalúan desde el inicio de cada ciclo presupuestario, lo que permite **eliminar costos innecesarios** y maximizar la eficiencia en el uso de los recursos.

Ventajas del Presupuesto Base Cero:

1. **Control detallado de los gastos:** Al evaluar cada gasto desde cero, el PBC obliga a los gerentes a analizar **minuciosamente cada área** de la empresa y justificar cada gasto como necesario. Esto reduce la tendencia a asignar recursos basados en **gastos históricos** o hábitos de consumo ineficientes.

2. **Eliminación de ineficiencias:** Al no asumir que los gastos anteriores son automáticamente necesarios para el próximo ciclo, el PBC ayuda a **detectar y eliminar ineficiencias** en áreas que podrían estar gastando más de lo necesario.

3. **Priorización de inversiones:** El PBC permite **priorizar las inversiones** en proyectos o áreas que realmente agregan valor, en lugar de simplemente seguir patrones de gasto históricos. Esto es particularmente útil en industrias donde los márgenes son ajustados o en momentos de incertidumbre económica.

Implementar el PBC requiere más tiempo y esfuerzo que un presupuesto tradicional, pero la **eficiencia** y **ahorros** que proporciona pueden justificar la inversión, especialmente en empresas que buscan optimizar sus operaciones y maximizar sus **márgenes de beneficio** (Ahmed, 2018).

Importancia del Presupuesto en la Gestión Empresarial

Un presupuesto bien gestionado no solo permite controlar los costos y monitorear el desempeño financiero de manera más precisa, sino que también actúa como una **guía estratégica** para maximizar las ganancias y evitar sorpresas financieras. El presupuesto es una herramienta esencial para que las empresas **mantengan su competitividad** y alineen sus **decisiones financieras** con los objetivos a corto, mediano y largo plazo.

Mantener el presupuesto bajo control a través del uso de técnicas como el **análisis de variaciones**, la implementación de **software financiero** y el uso de metodologías avanzadas como el **Presupuesto Base Cero** asegura que la empresa pueda responder de manera proactiva a los cambios del mercado y **optimizar sus recursos** en todo momento.

Una vez que comprendas cómo funciona el presupuesto y la importancia de gestionarlo bien, es hora de poner las manos en la masa. En la siguiente sección, veremos ejemplos prácticos que te ayudarán a visualizar cómo un presupuesto bien elaborado puede transformar la gestión de tu empresa. Estos ejemplos te mostrarán cómo diferentes escenarios financieros pueden manejarse de forma efectiva, con decisiones estratégicas que evitan problemas futuros. Porque la planificación no es solo teoría, es acción, y estos ejemplos te permitirán conectar las ideas con la realidad.

Ejemplos Prácticos

El uso de un **plan financiero sólido** y una gestión eficaz del **presupuesto** son elementos clave que ayudan a los emprendedores a manejar tanto el crecimiento planificado como los momentos de crisis. A continuación, se presentan dos ejemplos prácticos de cómo estos enfoques pueden ser aplicados exitosamente en la gestión de un negocio.

Ejemplo 1: Expansión Basada en Proyecciones Financieras

Juan, un emprendedor que dirige una **empresa de software**, ha experimentado un crecimiento acelerado en su mercado local. A medida que su empresa consolidaba su posición, Juan decidió que era el momento de expandirse hacia otros países. Para hacerlo, necesitaba un **plan financiero estratégico** que le permitiera no solo proyectar sus **ingresos y costos** futuros, sino también evaluar los riesgos asociados a la expansión internacional.

Proyecciones de Ingresos y Costos

El primer paso de Juan fue desarrollar una **proyección de ingresos** que reflejara el potencial de ventas en los nuevos mercados internacionales. Realizó un análisis de los **datos históricos** de sus ventas locales y los ajustó a las características y tamaño de los mercados extranjeros en los que planeaba incursionar. Además, consultó estudios de mercado para evaluar la demanda potencial de su software en cada país, lo que le permitió **estimar ingresos futuros** con un mayor grado de precisión.

Al mismo tiempo, calculó los **costos asociados con la expansión**, incluyendo gastos de marketing, operaciones y la creación de equipos locales. Juan también incluyó los costos de **adquisición de clientes** en cada mercado, ya que sabía que penetrar en nuevos territorios implicaría un gasto significativo en publicidad y personalización de productos para las preferencias locales. Según Brigham y Houston (2021), proyectar los costos con detalle es fundamental para asegurar que las empresas tengan los recursos necesarios para ejecutar sus planes sin comprometer su estabilidad financiera.

Análisis de Escenarios y Mitigación de Riesgos

Con las proyecciones financieras en mano, Juan realizó un **análisis de escenarios** para prever posibles situaciones adversas en los mercados internacionales. Por ejemplo, evaluó escenarios en los que las ventas fueran menores a lo esperado debido a la competencia o a barreras regulatorias. Para cada escenario, diseñó **estrategias de mitigación de riesgos**, como la adaptación de sus productos a las normativas locales y la diversificación de sus canales de distribución.

Este enfoque permitió a Juan tomar decisiones informadas sobre **cuándo y dónde expandir** su negocio, asignando recursos de manera eficiente y ajustando su presupuesto para asegurarse de que su expansión fuera

financieramente sostenible. Además, al crear **planes de contingencia**, se preparó para posibles contratiempos, lo que redujo el riesgo de que su expansión resultara en pérdidas inesperadas. Este uso estratégico de las **proyecciones financieras** y el análisis de escenarios es clave para minimizar los riesgos asociados a la expansión empresarial (Ahmed, 2018).

Ejemplo 2: Uso Eficiente del Presupuesto en Tiempos de Crisis

María es la propietaria de una tienda de productos ecológicos que enfrentó una fuerte **caída en las ventas** debido a un cambio en la demanda del mercado y las condiciones económicas locales. A pesar de los desafíos, María implementó el **Presupuesto Base Cero (PBC)** como técnica de gestión financiera para mantener a su empresa operativa durante la crisis.

Implementación del Presupuesto Base Cero

El **Presupuesto Base Cero** le permitió a María reevaluar cada uno de los **gastos operativos** de su tienda desde cero, eliminando aquellos que no generaban valor directo o no eran esenciales para la operación diaria. A diferencia de un presupuesto tradicional, donde los gastos del año anterior se consideran como punto de partida, el PBC requiere justificar cada gasto en función de su relevancia para los objetivos actuales del negocio. Según Ahmed (2018), el

Presupuesto Base Cero es una técnica eficaz para **reducir costos operativos** sin comprometer la eficiencia o la calidad de los productos y servicios.

Identificación de Gastos Ineficientes

María descubrió, por ejemplo, que estaba invirtiendo demasiado en ciertas áreas de marketing que no le estaban generando **retornos significativos**, por lo que optó por redirigir esos recursos a iniciativas de marketing digital, que resultaban más efectivas en términos de costos y alcance. También decidió reducir temporalmente los **gastos en inventarios** de productos menos vendidos, ajustando las compras de acuerdo con las **tendencias de demanda** más recientes.

Además, utilizó herramientas de **software de gestión financiera** para monitorear de manera constante los ingresos y gastos de su tienda, lo que le permitió **ajustar rápidamente** su presupuesto en función de los cambios en la demanda y las ventas. Programas como **QuickBooks** y **Xero** la ayudaron a automatizar el seguimiento de las finanzas de su tienda, generando informes financieros detallados y alertas en tiempo real cuando un área superaba el presupuesto asignado.

Enfoque en Áreas de Alto Retorno

Gracias al análisis detallado que proporcionaba el PBC, María pudo identificar las áreas de su negocio que generaban **mayores retornos** y enfocarse en ellas durante la crisis. Por ejemplo, decidió potenciar la venta de productos más rentables y demandados, lo que le permitió aumentar su **margen de ganancia** en un periodo difícil. Esta estrategia no solo la ayudó a **sobrevivir a la crisis**, sino que también permitió que su tienda siguiera operando sin incurrir en pérdidas significativas, a pesar de la caída general en las ventas.

Este ejemplo demuestra cómo la implementación de un **presupuesto efectivo**, basado en el uso del PBC y respaldado por herramientas de seguimiento financiero, puede ser una estrategia clave para la **resiliencia empresarial** en tiempos de crisis.

Después de familiarizarnos con ejemplos prácticos, es momento de elevar el aprendizaje a través de casos reales. Aquí, analizaremos cómo empresas y emprendedores enfrentaron situaciones financieras complejas y lograron crear planes financieros exitosos. Los estudios de caso nos enseñan que, aunque cada negocio es diferente, las estrategias financieras adecuadas pueden aplicarse en cualquier contexto. Observa cómo la planificación y el presupuesto ayudaron a estas empresas a superar desafíos y alcanzar nuevas alturas. Este es el momento de inspirarte con historias que demuestran que un buen plan financiero es, sin duda, un paso clave hacia el éxito.

Estudios de Caso Reales

La **planificación financiera estratégica** es un componente clave para el éxito de muchas de las empresas más grandes y reconocidas a nivel mundial. A continuación, se presentan dos estudios de caso que muestran cómo empresas como **Amazon** y **Airbnb** han utilizado un enfoque riguroso en la gestión financiera para impulsar su crecimiento y mantenerse competitivas en mercados globales.

Estudio de Caso 1: Amazon

Amazon, fundada por Jeff Bezos en 1994, ha crecido hasta convertirse en una de las compañías más grandes del mundo, dominando sectores como el comercio electrónico, la computación en la nube y la inteligencia artificial. A pesar de su vasto alcance y recursos, Amazon sigue manteniendo un enfoque **estratégico y disciplinado** en la **planificación financiera** y el **control presupuestario**, lo que le permite mantener su posición de liderazgo y seguir innovando en nuevos mercados.

Planificación Financiera y Control del Presupuesto

Desde sus primeros años, Amazon ha adoptado una cultura de inversión a largo plazo. La empresa ha reinvertido constantemente sus ganancias en **investigación, desarrollo** e **innovación**, buscando siempre mejorar su infraestructura logística, desarrollar nuevas tecnologías y expandir su alcance global. Esta estrategia de reinversión agresiva se apoya en una sólida planificación financiera, en la que cada inversión se evalúa minuciosamente en términos de **costos y beneficios**.

La planificación financiera de Amazon se basa en **proyecciones realistas** a largo plazo que consideran tanto las **oportunidades de crecimiento** como los **riesgos financieros**. Según estudios sobre gestión financiera, la capacidad de realizar proyecciones detalladas y ajustadas a diferentes escenarios de mercado permite a las empresas **mitigar riesgos** y planificar mejor su expansión (Brigham y Houston, 2021). Para Amazon, esto significa prever la demanda de sus servicios, anticipar los cambios en los mercados de consumo y ajustar sus inversiones en áreas clave como logística, almacenamiento y computación en la nube (AWS).

Inversión en Innovación y Expansión

A lo largo de los años, Amazon ha realizado enormes inversiones en **innovación tecnológica** y expansión internacional, pero siempre basándose en **análisis de costos y beneficios**. Por ejemplo, la empresa ha construido una red logística global que incluye centros de distribución y tecnología de última generación, lo que le permite ofrecer envíos rápidos y eficientes en todo el mundo. Cada nueva inversión en infraestructura logística, como los centros de distribución y la red de entrega propia de Amazon, se realiza tras un cuidadoso análisis de los beneficios a largo plazo frente a los costos iniciales. Este enfoque también se ha extendido a la expansión de **Amazon Web Services (AWS)**, su división de computación en la nube, que ahora representa una parte significativa de sus ingresos.

A pesar de sus enormes inversiones, Amazon ha sido capaz de **optimizar sus costos** y maximizar su **margen de beneficio** a través de un control estricto del presupuesto. Como parte de su estrategia, Amazon utiliza **modelos financieros avanzados** para evaluar el rendimiento esperado de cada nueva inversión, analizando los costos operativos y los retornos potenciales en función de distintos escenarios de mercado. Esta disciplina financiera le ha permitido evitar **sobrecostos** innecesarios, mientras sigue creciendo de manera sostenida.

Presupuesto Base Cero y Cultura de Austeridad

A pesar de ser una de las empresas más grandes del mundo, Amazon mantiene una cultura interna de **austeridad** que se refleja en su enfoque del **Presupuesto Base Cero (PBC)**. En lugar de simplemente aumentar el presupuesto año tras año, cada departamento debe justificar sus gastos desde cero, lo que fomenta la eficiencia y evita la asignación innecesaria de recursos. Este enfoque permite a Amazon **optimizar su estructura de costos**, reduciendo gastos en áreas no esenciales y concentrando sus recursos en proyectos que realmente generan valor.

Este enfoque basado en el PBC, según Ahmed (2018), es una técnica eficaz que ayuda a las empresas a eliminar gastos superfluos y centrarse en las áreas que más contribuyen al crecimiento y la rentabilidad. Para Amazon, ha significado poder mantener un **flujo de caja positivo** y una estructura financiera sólida, incluso en un entorno de expansión global y rápida innovación tecnológica.

Estudio de Caso 2: Airbnb

Airbnb, fundada en 2008, comenzó como una pequeña plataforma para alquilar habitaciones en San Francisco y rápidamente se convirtió en una de las mayores empresas de **alojamiento colaborativo** en el mundo. Desde sus primeros años, Airbnb ha mostrado un enfoque disciplinado hacia la **planificación financiera**, utilizando un presupuesto meticuloso para **maximizar los recursos** y asegurar su crecimiento sostenido.

Presupuesto Meticuloso en los Primeros Años

Durante los primeros años de Airbnb, los fundadores enfrentaron importantes desafíos financieros. El modelo de negocio basado en la economía colaborativa era nuevo y carecía de precedentes claros, lo que dificultaba la obtención de financiamiento externo. Como resultado, la empresa tuvo que ser extremadamente cuidadosa en el manejo de sus recursos, implementando un **presupuesto detallado** para asegurarse de que cada dólar invertido generara un retorno significativo.

Airbnb utilizó el **análisis de variaciones** para comparar los gastos reales con los presupuestados, lo que les permitió ajustar rápidamente sus estrategias cuando se encontraban con costos inesperados o ingresos menores de lo proyectado. Esta técnica, fundamental en la gestión presupuestaria, les ayudó a identificar **áreas de ineficiencia** y redirigir recursos hacia áreas de alto rendimiento, como el marketing digital y la expansión en nuevos mercados.

Expansión Controlada Basada en Proyecciones Financieras

A medida que Airbnb comenzó a ganar tracción, el equipo de planificación financiera implementó **proyecciones detalladas** de ingresos y costos para guiar su expansión. La empresa no solo proyectaba ingresos en función del crecimiento de su base de usuarios, sino que también **modelaba diferentes escenarios** de crecimiento y evaluaba los costos asociados a la entrada en nuevos mercados, especialmente aquellos con regulaciones complejas.

Esta capacidad para proyectar **ingresos y gastos** permitió a Airbnb tomar decisiones informadas sobre **dónde expandirse** y **cuándo acelerar** su crecimiento. La empresa invirtió en tecnología para mejorar la experiencia del usuario y aumentar la confianza de los anfitriones, pero siempre manteniendo un control estricto sobre su presupuesto. Según Fernandes et al. (2014), las empresas que mantienen una planificación financiera sólida durante sus fases de expansión son más propensas a **maximizar su retorno** sobre la inversión y reducir el riesgo de crecimiento no controlado.

Gestión de Recursos durante la Crisis

Un aspecto crucial de la planificación financiera de Airbnb fue su capacidad para **adaptarse rápidamente** a condiciones cambiantes del mercado. Durante la crisis de la COVID-19, cuando las restricciones de viajes afectaron gravemente su negocio, Airbnb implementó **medidas de ajuste presupuestario** drásticas para proteger su liquidez. El

Inteligencia Financiera

enfoque disciplinado en la **gestión de costos** permitió a la empresa reducir gastos en áreas no esenciales, como el marketing tradicional, y centrarse en el **desarrollo de nuevas líneas de negocio**, como las **experiencias en línea**.

Al igual que Amazon, Airbnb mantuvo un enfoque de **inversión estratégica** durante la crisis, aprovechando las oportunidades emergentes, pero siempre dentro de un marco de control presupuestario riguroso. Esta capacidad para ajustar el presupuesto en función de las **condiciones del mercado** y **maximizar la eficiencia de los recursos** fue clave para que la empresa no solo sobreviviera, sino que también saliera fortalecida de la crisis.

Estos estudios de caso ilustran cómo la **planificación financiera estratégica**, el **control presupuestario** riguroso y el uso de técnicas avanzadas como el **Presupuesto Base Cero** pueden ayudar a las empresas, desde nuevas startups hasta gigantes globales, a gestionar el crecimiento y enfrentar los desafíos del mercado con éxito.

A medida que llegamos al final de este capítulo, es importante hacer una pausa y reflexionar sobre todo lo aprendido. Crear un plan financiero ganador, dominar el presupuesto y aprender de casos reales son pasos fundamentales para asegurar que tu empresa esté en una posición sólida para el futuro. En las conclusiones, sintetizaremos cómo estos elementos clave trabajan en conjunto para crear una estrategia financiera que no solo impulsa el crecimiento, sino que también te prepara para navegar con éxito los desafíos financieros que puedan surgir en el camino.

Conclusiones del Capítulo

Un plan financiero estratégico, bien diseñado y ejecutado, es el pilar fundamental sobre el cual se construye el éxito y el crecimiento sostenible de cualquier empresa. Sin una planificación financiera sólida, los emprendedores corren el riesgo de operar sin una dirección clara, lo que puede llevar a decisiones impulsivas o mal informadas que afecten la viabilidad del negocio. Un plan financiero no solo proporciona una hoja de ruta clara hacia los objetivos empresariales, sino que también permite anticipar desafíos, aprovechar oportunidades y mantener el control sobre los recursos a lo largo del tiempo. En un entorno empresarial cada vez más competitivo y cambiante, contar con un plan financiero estratégico es clave para asegurar la estabilidad a largo plazo.

Uno de los primeros pasos en la creación de un plan financiero sólido es **establecer metas claras y medibles**. Estas metas deben estar alineadas con la visión y misión de la empresa y ser específicas, alcanzables y definidas en el tiempo. Establecer objetivos financieros precisos, como aumentar los ingresos, reducir los costos operativos o mejorar el flujo de efectivo, ayuda a los emprendedores a enfocar sus esfuerzos en las áreas que impulsarán el crecimiento. Las metas claras también proporcionan un marco de referencia para evaluar el rendimiento financiero y ajustar las estrategias cuando sea necesario. Sin objetivos bien definidos, es fácil perderse en las complejidades del día a día sin avanzar hacia un crecimiento estructurado y planificado.

Inteligencia Financiera

Además de establecer metas, crear **proyecciones financieras precisas** es fundamental para el éxito de cualquier plan financiero estratégico. Estas proyecciones deben basarse en datos históricos, tendencias del mercado y análisis realistas de las condiciones económicas futuras. Al desarrollar proyecciones financieras detalladas, los emprendedores pueden prever cómo evolucionarán sus ingresos, gastos y necesidades de capital en el corto, mediano y largo plazo. Este ejercicio no solo proporciona una visión más clara del futuro financiero de la empresa, sino que también permite identificar posibles brechas de financiamiento o áreas de riesgo que podrían requerir ajustes. Un plan financiero bien elaborado debe incluir proyecciones de ventas, costos, márgenes de ganancia, inversiones y necesidades de liquidez, lo que proporciona una imagen completa de la salud financiera esperada.

La **gestión eficiente del presupuesto** es otro componente crucial para garantizar la estabilidad y el crecimiento sostenido de una empresa. Un presupuesto bien estructurado permite a los emprendedores asignar recursos de manera efectiva, asegurando que el dinero se destine a las áreas que generen el mayor valor. La gestión presupuestaria también implica controlar los gastos operativos, optimizar los costos y evaluar constantemente el retorno de la inversión de cada área de negocio. Un presupuesto adecuado no solo sirve como una herramienta de control financiero, sino que también permite reaccionar de manera más rápida y eficiente ante cambios imprevistos en el mercado o en las condiciones operativas. Además, un buen manejo del presupuesto ayuda a evitar problemas de liquidez y garantiza que la empresa pueda cumplir con sus compromisos financieros.

Inteligencia Financiera

Un aspecto crucial de un plan financiero estratégico es su capacidad para **orientar la toma de decisiones informadas**. Cuando los emprendedores tienen una comprensión clara de la situación financiera de su empresa, están mejor equipados para tomar decisiones que impulsen el crecimiento y minimicen el riesgo. Esto incluye decisiones sobre inversiones en nuevos productos o mercados, la contratación de personal, la expansión de las operaciones o incluso la adquisición de otras empresas. El análisis financiero riguroso, basado en las proyecciones y en la gestión presupuestaria, proporciona las bases necesarias para que estas decisiones se tomen con confianza y con un enfoque estratégico que maximice las oportunidades de éxito.

Además, un plan financiero estratégico bien ejecutado no solo se centra en el crecimiento a corto plazo, sino que también se orienta hacia la **sostenibilidad a largo plazo**. Las empresas que solo se enfocan en resultados inmediatos pueden experimentar picos de éxito temporales, pero a menudo se encuentran vulnerables a cambios en el mercado o a crisis financieras inesperadas. En cambio, una planificación financiera a largo plazo considera no solo el crecimiento, sino también la resiliencia y la adaptabilidad. Esto incluye la creación de reservas de efectivo, la diversificación de ingresos y la implementación de estrategias de mitigación de riesgos que permitan a la empresa sobrevivir y prosperar incluso en tiempos de incertidumbre económica.

Finalmente, un plan financiero estratégico también es fundamental para **atraer inversionistas y obtener financiamiento externo**. Los inversionistas y las entidades financieras buscan empresas que no solo tengan potencial de

Inteligencia Financiera

crecimiento, sino que también estén gestionadas de manera responsable y sostenible. Un plan financiero detallado, con metas claras, proyecciones realistas y un manejo efectivo del presupuesto, demuestra que el emprendedor tiene una visión sólida y un control firme sobre el negocio. Esto genera confianza y credibilidad, lo que facilita el acceso a capital para expandir operaciones o financiar proyectos importantes.

En resumen, un plan financiero estratégico, bien diseñado y ejecutado, es esencial para garantizar el **crecimiento sostenible** y la estabilidad de cualquier empresa. Establecer metas claras, crear proyecciones financieras precisas y gestionar el presupuesto de manera eficiente son pasos fundamentales que permiten a los emprendedores tomar decisiones informadas y minimizar los riesgos. Además, un enfoque financiero sólido no solo mejora la salud financiera de la empresa a corto plazo, sino que también la prepara para enfrentar los desafíos del futuro con mayor resiliencia y capacidad de adaptación. En última instancia, un plan financiero bien estructurado es la base sobre la cual se construye el éxito empresarial a largo plazo.

Antes de avanzar, quiero compartir contigo algunos consejos prácticos que te ayudarán a implementar todo lo aprendido. Estos consejos están diseñados para que puedas aplicar la planificación financiera de manera más eficiente y efectiva en tu negocio, evitando los errores más comunes y maximizando cada recurso disponible. Recuerda que la planificación no es algo que se hace una vez y se olvida, es un proceso continuo que requiere ajustes. Con estos tips, estarás mejor preparado para gestionar tu empresa con una visión clara y estratégica.

Consejos y Recomendaciones
1. **Revisa tu plan regularmente:** El entorno económico cambia constantemente, por lo que es importante revisar y ajustar tu plan financiero con regularidad.
2. **Prioriza el flujo de efectivo:** Mantén siempre una visión clara de tu flujo de caja para evitar problemas de liquidez.
3. **Crea fondos de emergencia:** Tener una reserva de efectivo para emergencias te ayudará a superar contratiempos inesperados.

Ahora que has absorbido los conceptos y las recomendaciones, es el momento perfecto para poner en práctica lo aprendido con ejercicios aplicados. Estos ejercicios te permitirán llevar los conocimientos a tu propia realidad empresarial, ayudándote a crear un plan financiero adaptado a tus necesidades específicas. No se trata solo de entender la teoría, sino de hacer que funcione para ti. A medida que completes estos ejercicios, verás cómo la planificación financiera estratégica cobra vida en tu negocio, brindándote el control y la claridad que necesitas para tomar decisiones informadas.

Ejercicios Aplicados

1. **Diseña un plan financiero:** Establece metas claras para los próximos cinco años y crea un plan para alcanzarlas.

2. **Crea un presupuesto mensual:** Monitorea tus ingresos y gastos para identificar áreas donde puedas mejorar.

3. **Realiza un análisis de escenarios:** Proyecta diferentes situaciones financieras para estar preparado ante posibles cambios en el mercado.

Después de aplicar los ejercicios, es hora de afinar tus habilidades con algunos trucos y tips que te facilitarán el camino. En esta sección, compartiré pequeñas estrategias que puedes implementar en tu planificación diaria para mantener tus finanzas bajo control y evitar desvíos. Estos tips te permitirán optimizar la gestión financiera sin complicaciones, haciendo que tus decisiones sean más ágiles y efectivas. A veces, los detalles más simples son los que generan los mayores impactos, y estos trucos te ayudarán a tomar decisiones rápidas y acertadas.

Tips y Trucos

- **Monitorea el desempeño financiero en tiempo real:** Usa herramientas de software para tener un control inmediato de tus finanzas.

- **Invierte en consultoría financiera:** Si es necesario, contrata un asesor financiero para asegurarte de que tu plan sea sólido y efectivo.

Finalmente, si deseas seguir profundizando en la planificación financiera estratégica, te dejo algunos recursos adicionales que te serán de gran utilidad. Desde libros hasta herramientas digitales, estos materiales te proporcionarán un conocimiento más amplio y práctico sobre cómo mejorar aún más tu gestión financiera. Porque el aprendizaje no se detiene aquí, y cuanto más preparado estés, más sólido será el futuro financiero de tu empresa. ¡El éxito está al alcance de tu mano, y estos recursos te ayudarán a mantenerte siempre un paso adelante!

Recursos Adicionales

- **Libros recomendados:** "El Plan Financiero de Una Página" de Carl Richards, "La Meta" de Eliyahu M. Goldratt.
- **Cursos online:** Plataformas como Udemy o edX ofrecen cursos sobre planificación financiera y presupuestaria.

Con una planificación estratégica en marcha, llega el momento de abordar uno de los elementos más vitales para la supervivencia y el crecimiento de cualquier negocio: el flujo de caja. No importa cuán bien diseñados estén tus planes, sin una gestión efectiva del flujo de caja, todo puede desmoronarse. En este capítulo, te adentrarás en el arte de manejar los ingresos y gastos de manera que tu empresa se mantenga siempre operativa y con liquidez suficiente. La clave del éxito está en el equilibrio, y aquí aprenderás cómo mantener el flujo de caja saludable, permitiendo que tu negocio prospere sin interrupciones.

"Un objetivo sin un plan es solo un deseo." – **Antoine de Saint-Exupéry**

Capítulo 3

Gestión del Flujo de Caja

"El Pulso Vital de tu Negocio"

El **flujo de caja** es uno de los indicadores más importantes de la salud financiera de un negocio. Sin importar qué tan rentables sean tus operaciones o cuántos activos poseas, si no mantienes un flujo de caja positivo y bien gestionado, tu empresa podría enfrentar graves problemas financieros. El flujo de caja es el **pulso vital** de tu negocio, ya que refleja la liquidez y la capacidad de cumplir con obligaciones financieras a corto plazo. En este capítulo, profundizaremos en la importancia de entender y gestionar el flujo de caja, así como en estrategias prácticas para mantenerlo positivo.

Entender el Flujo de Caja y su Importancia

El **flujo de caja** es uno de los indicadores más críticos para la salud financiera de cualquier empresa. No solo refleja la **liquidez** de la empresa, sino que también revela si esta es capaz de generar suficiente efectivo para cubrir sus operaciones, inversiones y obligaciones financieras. Un flujo de caja bien gestionado proporciona a las empresas la capacidad de navegar por las incertidumbres del mercado, aprovechar oportunidades de crecimiento y evitar problemas de insolvencia.

1. ¿Qué es el Flujo de Caja?

El **flujo de caja** (o "cash flow") se refiere al movimiento de dinero dentro y fuera de una empresa durante un período específico. A diferencia de otros indicadores financieros, el flujo de caja mide la **liquidez** real de la empresa, es decir, el efectivo disponible para cubrir sus necesidades inmediatas. Se puede pensar en el flujo de caja como el "pulso" financiero de la empresa, ya que mide su capacidad para generar efectivo y mantenerse solvente.

El flujo de caja se divide en tres categorías principales, cada una relacionada con diferentes aspectos de las operaciones empresariales:

- **Flujo de caja operativo:** Es el efectivo generado o utilizado por las actividades principales de la empresa, como la venta de productos o servicios, y los gastos operativos relacionados, tales como el pago de sueldos, la compra de inventario y otros costos diarios. Este flujo refleja la **rentabilidad operativa** de la empresa y su capacidad para generar efectivo a través de sus operaciones centrales. Un flujo de caja operativo positivo indica que la empresa genera suficiente efectivo para cubrir sus costos operativos.

- **Flujo de caja de inversión:** Está relacionado con las inversiones a largo plazo de la empresa, como la compra o venta de activos fijos (inmuebles, maquinaria, equipos) o inversiones financieras. Si bien un flujo de caja de inversión negativo puede ser señal de que la empresa está invirtiendo en su crecimiento, también es crucial que las empresas mantengan un equilibrio, asegurándose de no comprometer su **liquidez** a corto plazo.

- **Flujo de caja de financiamiento:** Involucra las entradas y salidas de efectivo derivadas de las actividades de financiamiento de la empresa, como la obtención de préstamos, la emisión de acciones o el pago de dividendos a los accionistas. Un flujo de caja de financiamiento positivo puede indicar que la empresa está recaudando capital para financiar su expansión, mientras que uno negativo puede sugerir el pago de deudas o la devolución de capital a los inversores.

La gestión del flujo de caja es fundamental para garantizar que una empresa tenga suficiente efectivo para cubrir sus **gastos operativos**, hacer frente a sus compromisos financieros y aprovechar nuevas oportunidades. Como señala Brigham y Houston (2021), la capacidad de generar un flujo de caja operativo positivo es uno de los mejores indicadores de la **solvencia a largo plazo** de una empresa.

2. Diferencia entre Flujo de Caja y Ganancias

Un error común entre los empresarios es confundir el **flujo de caja** con las **ganancias**. Si bien ambos términos están relacionados, representan conceptos financieros distintos y ofrecen diferentes perspectivas sobre la salud financiera de la empresa.

Las **ganancias**, también conocidas como **beneficio neto**, son el resultado de restar todos los costos y gastos de los ingresos generados por la empresa en un periodo determinado. Las ganancias se calculan en el **estado de resultados**, y se consideran un **indicador de rentabilidad**. Sin embargo, las ganancias no reflejan necesariamente la **liquidez** de la empresa, ya que pueden incluir ingresos no realizados (como ventas a crédito) o gastos que aún no han sido pagados.

El **flujo de caja**, por otro lado, se enfoca en el efectivo disponible para la empresa en un momento dado. Es posible que una empresa registre **ganancias** en su estado de resultados, pero al mismo tiempo experimente problemas de **flujo de caja** si, por ejemplo, sus ventas se realizaron a crédito y aún no se han cobrado, o si ha realizado grandes inversiones que afectaron su liquidez a corto plazo. Según Fernandes et al. (2014), muchas empresas, aunque rentables en términos de ganancias, enfrentan dificultades financieras debido a una mala gestión del flujo de caja.

Ejemplo de Diferencias entre Flujo de Caja y Ganancias:

Consideremos una empresa que ha realizado ventas por $100,000 en un mes, pero de esa cantidad, $60,000 se realizaron a crédito, y solo $40,000 se han cobrado en efectivo. Aunque la empresa mostrará **ganancias** de $100,000 en sus estados financieros, su **flujo de caja** operativo será de solo $40,000. Si al mismo tiempo la empresa tiene que cubrir gastos operativos de $50,000, enfrentará un **déficit de efectivo**, a pesar de ser rentable en términos de ganancias.

Este ejemplo muestra por qué es crucial que los emprendedores comprendan la diferencia entre **rentabilidad** y **liquidez**. Una empresa puede tener altas ganancias, pero si no administra adecuadamente su flujo de caja, puede quedarse sin efectivo para pagar sus compromisos a corto plazo, lo que podría llevar a problemas de **insolvencia** o incluso la quiebra.

3. Importancia de un Flujo de Caja Positivo

El **flujo de caja positivo** es esencial para la estabilidad financiera de una empresa. Un flujo de caja positivo significa que la empresa está generando más efectivo del que está gastando, lo que le permite **cubrir sus costos operativos**, **pagar sus deudas**, **reinvertir en el negocio** y **enfrentar imprevistos** sin recurrir a financiamiento externo.

Beneficios de un Flujo de Caja Positivo:

- **Sostenibilidad operativa:** Un flujo de caja positivo asegura que la empresa puede cubrir sus costos operativos, como la nómina, el alquiler y la compra de inventario, sin necesidad de recurrir a préstamos o financiamiento adicional.
- **Capacidad de inversión:** Las empresas con un flujo de caja positivo pueden **reinvertir** en áreas clave de crecimiento, como la adquisición de activos, la

expansión de operaciones o el desarrollo de nuevos productos. Como destaca Ahmed (2018), las empresas que pueden financiar su crecimiento con **efectivo interno** tienen una ventaja competitiva sobre aquellas que dependen de financiamiento externo.

- **Reducción del riesgo financiero:** Mantener un flujo de caja positivo reduce la necesidad de endeudamiento, lo que a su vez disminuye el riesgo financiero. Las empresas que dependen en exceso de financiamiento externo están expuestas a mayores riesgos, especialmente en tiempos de crisis o cambios en las tasas de interés.

- **Preparación para imprevistos:** Un flujo de caja positivo proporciona un **colchón financiero** que permite a la empresa enfrentar imprevistos, como caídas en la demanda, aumentos en los costos de insumos o crisis económicas. Esta capacidad de absorber shocks externos es fundamental para la **resiliencia empresarial**.

Consecuencias de un Flujo de Caja Negativo:

Por otro lado, un **flujo de caja negativo** significa que la empresa está gastando más de lo que genera en efectivo, lo que puede llevar a serios problemas financieros. Las empresas con flujo de caja negativo pueden tener dificultades para cubrir sus costos operativos, lo que puede llevar a **impagos** a proveedores, empleados o acreedores. A largo plazo, un flujo de caja negativo puede poner en peligro la **viabilidad** de la empresa y conducir a la **insolvencia**.

En resumen, gestionar el flujo de caja de manera eficaz es esencial para mantener la **liquidez** de la empresa y garantizar su **sostenibilidad a largo plazo**.

Entender qué es el flujo de caja es fundamental para cualquier negocio, pero saber cómo mantenerlo en niveles positivos es lo que realmente marca la diferencia entre el éxito y el fracaso. Ahora que ya comprendes cómo funciona, es momento de explorar estrategias prácticas para asegurar que siempre tengas más ingresos que egresos. En la próxima sección, te mostraremos cómo gestionar entradas y salidas de efectivo de manera eficiente, para que puedas evitar sorpresas y mantener la estabilidad financiera de tu empresa. Porque un flujo de caja positivo es lo que garantiza que tu negocio tenga el oxígeno necesario para crecer y prosperar.

Estrategias para Mantener un Flujo de Caja Positivo

Una **gestión eficaz del flujo de caja** es esencial para garantizar la **liquidez** y estabilidad de una empresa. El flujo de caja no solo asegura que la empresa pueda cubrir sus gastos operativos, sino que también facilita la toma de decisiones estratégicas a largo plazo. A continuación, se detallan algunas de las **estrategias clave** para mantener un flujo de caja positivo y saludable, basadas en prácticas comunes y fundamentos académicos de la gestión financiera.

1. Acelerar Cobros

Uno de los mayores desafíos para las empresas es la demora en los pagos de sus clientes, lo que puede comprometer la liquidez y dificultar el cumplimiento de las obligaciones financieras. Según Ahmed (2018), la velocidad en la que una empresa recibe sus ingresos es fundamental para mantener un flujo de caja estable. Para mitigar este problema, las empresas pueden implementar varias tácticas para **acelerar los cobros** y así optimizar la entrada de efectivo.

Tácticas para acelerar los cobros:

- **Facturación anticipada:** Una práctica común es emitir las facturas tan pronto como se complete el trabajo o se entregue el producto. Esto ayuda a **reducir el tiempo de espera** entre la prestación del servicio o la entrega del producto y el cobro. En lugar de esperar hasta el final del mes para facturar, hacerlo de inmediato permite a las empresas obtener el pago con mayor rapidez.

- **Descuentos por pago temprano:** Ofrecer un **descuento por pronto pago** puede incentivar a los clientes a liquidar sus facturas antes del vencimiento. Por ejemplo, una empresa puede ofrecer un descuento del 2 % a los clientes que paguen dentro de los primeros 10 días en lugar de los 30 días estándar. Según Fernandes et al. (2014), esta estrategia es particularmente efectiva para **mejorar la liquidez** a corto plazo sin comprometer significativamente los márgenes de ganancia.

- **Automatización de pagos:** Implementar **herramientas de automatización** para facilitar los pagos, como sistemas de facturación recurrente o enlaces de pago en línea, puede acelerar el proceso de cobro. Al simplificar el pago, los clientes pueden liquidar sus facturas de forma más rápida y sin fricciones, lo que ayuda a reducir los retrasos en los pagos.

- **Política de crédito más estricta:** Si una empresa ofrece **crédito a sus clientes**, debe asegurarse de evaluar rigurosamente su **historial de pagos** y establecer términos más estrictos, como **plazos de pago más cortos** o **límites de crédito más bajos**. Esto reduce el riesgo de impagos y mejora la entrada de efectivo. Las empresas también deben implementar políticas claras de seguimiento para clientes morosos, estableciendo recordatorios automáticos y penalizaciones por retrasos.

2. Gestionar Pagos

Si bien es crucial acelerar los cobros, también es necesario **gestionar los pagos** de la empresa de manera estratégica para preservar el flujo de caja. Las empresas deben equilibrar el momento en que realizan los pagos para mantener el efectivo disponible durante el mayor tiempo posible, sin incurrir en multas por pagos tardíos o dañar relaciones con proveedores clave.

Estrategias para gestionar los pagos:

- **Negociar plazos más largos con proveedores:** Negociar **plazos de pago más amplios** permite a las empresas conservar el efectivo durante más tiempo, lo que mejora la liquidez. Por ejemplo, negociar un plazo de 60 o 90 días con proveedores puede ofrecer más margen para cubrir otras obligaciones operativas. Según Brigham y Houston (2021), extender los plazos de pago sin afectar las relaciones con los proveedores es una práctica común para mejorar el flujo de caja sin necesidad de endeudarse.

- **Pagar a tiempo para evitar recargos:** Aunque es útil extender los plazos de pago, es fundamental que las empresas paguen dentro de los límites acordados para evitar recargos o **multas por pagos tardíos**, lo que podría afectar negativamente la reputación de la empresa y su relación con los proveedores. Mantener un buen historial de pagos también puede ayudar a obtener **mejores términos de crédito** en el futuro.

- **Priorización de pagos:** En momentos de **escasez de efectivo**, las empresas deben establecer una **priorización de pagos**. Es importante asegurarse de pagar primero las obligaciones más críticas, como **sueldos**, proveedores clave y servicios esenciales. Esta estrategia ayuda a evitar interrupciones en las operaciones y mantiene la confianza de empleados y socios comerciales.

3. Control de Inventario

El **inventario excesivo** es una de las principales causas de inmovilización de efectivo, ya que el dinero que podría utilizarse para otros fines se queda atado a mercancías que no se están vendiendo de inmediato. Según Ahmed (2018), un inventario mal gestionado puede generar grandes tensiones de flujo de caja, afectando negativamente la liquidez de la empresa.

Estrategias de control de inventario:

- **Método Just-in-Time (JIT):** Una estrategia efectiva para controlar el inventario es implementar el **sistema just-in-time (JIT)**, que implica mantener inventarios mínimos y reponer las existencias solo cuando sea necesario. Esto evita que el efectivo se quede inmovilizado en productos almacenados y permite que los recursos financieros estén más disponibles para otras necesidades operativas.

- **Rotación de inventario:** Las empresas deben monitorear de cerca la **rotación de inventario** para asegurarse de que los productos no permanezcan en los almacenes durante períodos prolongados. Los productos de baja rotación deben identificarse rápidamente y venderse a través de **descuentos o promociones** antes de que se conviertan en obsoletos o pierdan valor.

4. Planificación de Inversiones

Las **inversiones a largo plazo** son esenciales para el crecimiento de una empresa, pero deben planificarse cuidadosamente para evitar comprometer la liquidez. Según Brigham y Houston (2021), la **planificación financiera estratégica** es fundamental para asegurar que las inversiones no afecten el flujo de caja operativo.

Estrategias para planificar inversiones:

- **Evaluar el impacto en el flujo de caja:** Antes de realizar cualquier inversión importante, la empresa debe evaluar cómo afectará el **flujo de caja operativo**. Las inversiones que requieran grandes desembolsos de capital pueden comprometer la liquidez si no se planifican adecuadamente, por lo que es importante asegurarse de que las reservas de efectivo puedan sostener estos desembolsos sin afectar las operaciones diarias.

- **Financiamiento de inversiones a largo plazo:** Las empresas también deben considerar **opciones de financiamiento externo** para inversiones a largo plazo, como préstamos o emisión de acciones. Esto permite aprovechar oportunidades de crecimiento sin afectar negativamente el flujo de caja a corto plazo. Las empresas deben sopesar el costo del financiamiento contra los beneficios esperados de la inversión.

5. Crear un Fondo de Reserva

Un **fondo de reserva** o **fondo de emergencia** actúa como un **colchón financiero** que permite a la empresa enfrentar eventos inesperados, como caídas en los ingresos, aumentos en los costos o crisis económicas. Mantener una reserva de efectivo suficiente es esencial para que la empresa pueda seguir operando sin necesidad de recurrir a fuentes de financiamiento costosas en momentos de necesidad.

Características de un fondo de reserva:

- **Cobertura de gastos operativos:** Un fondo de reserva debe cubrir entre **tres y seis meses de gastos operativos** para asegurar que la empresa pueda mantener sus operaciones durante períodos de crisis o fluctuaciones imprevistas en el mercado.

- **Flexibilidad en tiempos de crisis:** Este fondo también proporciona a las empresas la **flexibilidad** necesaria para afrontar desafíos a corto plazo sin recurrir a la deuda o a la venta de activos. Durante periodos de incertidumbre, como los que pueden surgir por cambios en las condiciones del mercado o crisis globales, disponer de un fondo de reserva permite mantener las operaciones sin tener que depender exclusivamente del flujo de caja operativo.

Ya hemos discutido las estrategias para mantener un flujo de caja positivo, pero para que todo esto cobre sentido, es necesario verlo en acción. En esta sección, te ofreceremos ejemplos prácticos que ilustran cómo aplicar estas estrategias en diferentes situaciones. Desde manejar pagos de clientes hasta ajustar gastos operativos, verás cómo decisiones inteligentes pueden mantener tu flujo de caja en verde. Estos ejemplos te ayudarán a entender cómo cada movimiento financiero puede afectar tu liquidez, y cómo reaccionar de manera proactiva para evitar crisis.

Ejemplos Prácticos

La correcta gestión del flujo de caja es vital para cualquier empresa, ya que garantiza la **liquidez** necesaria para cumplir con las obligaciones financieras diarias, mientras permite a las empresas capitalizar oportunidades de crecimiento. A continuación, se presentan dos ejemplos que ilustran cómo la aplicación de estrategias específicas puede mejorar significativamente el flujo de caja y evitar problemas de liquidez.

Ejemplo 1: La Importancia de Acelerar Cobros

Ana es dueña de una empresa de **servicios de marketing** que había sido rentable en términos de ganancias netas, pero experimentaba graves problemas de liquidez debido a los **retrasos en los pagos de sus clientes**. A pesar de que su empresa mostraba beneficios en el estado de resultados, los **problemas de flujo de caja** la estaban llevando a dificultades para cubrir sus gastos operativos, lo que afectaba el rendimiento general del negocio.

Al analizar más a fondo la situación, Ana descubrió que sus clientes estaban pagando sus facturas **fuera de plazo**, lo que creaba **tensiones financieras** en su empresa. En algunos casos, los pagos llegaban semanas después de lo acordado, lo que afectaba su capacidad para pagar a tiempo a sus proveedores y empleados. Este problema no es raro en empresas que ofrecen servicios a crédito, donde los retrasos en los pagos pueden comprometer la **liquidez**, incluso cuando los márgenes de ganancia son altos (Brigham y Houston, 2021).

Estrategias Implementadas:

Para resolver este problema, Ana decidió implementar varias estrategias enfocadas en **acelerar los cobros**:

- **Descuentos por pago anticipado:** Ana introdujo un sistema de **descuentos por pronto pago**, ofreciendo a sus clientes un 2 % de descuento si liquidaban sus facturas dentro de los primeros 10 días, en lugar de los 30 días estipulados. Esta medida incentivó a sus clientes a pagar más rápido, lo que aceleró la entrada de efectivo.

- **Automatización de la facturación:** También implementó un **sistema de facturación automatizado**, que generaba y enviaba facturas inmediatamente después de la finalización de un proyecto. Además, el sistema incluía recordatorios automáticos para los clientes antes de las fechas de vencimiento. Según Fernandes et al. (2014), el uso de herramientas automatizadas para gestionar facturación y pagos puede reducir los errores humanos y acortar el ciclo de cobro.

Gracias a estas medidas, Ana logró que muchos de sus clientes comenzaran a **pagar más rápido**, lo que mejoró significativamente el **flujo de caja operativo** de su empresa. Este cambio no solo le permitió tener suficiente efectivo para cubrir sus obligaciones inmediatas, sino que también liberó recursos para **reinvertir** en el crecimiento de su negocio.

Ejemplo 2: Estrategias para Gestionar Pagos y Evitar Problemas de Liquidez

Carlos es propietario de una tienda de **suministros industriales** que estaba experimentando dificultades para pagar a tiempo a sus proveedores. Aunque su negocio generaba buenos ingresos, sus problemas de flujo de caja surgieron porque sus **pagos a proveedores** y otros gastos fijos coincidían con periodos en los que el efectivo disponible era limitado, lo que provocaba **recargos** y dañaba su relación con algunos proveedores clave. Según Ahmed (2018), la acumulación de recargos por pagos tardíos puede aumentar considerablemente los costos operativos, comprometiendo aún más la liquidez de la empresa.

Carlos se dio cuenta de que necesitaba **gestionar mejor sus pagos** y ajustar su flujo de caja para evitar penalidades y mantener su negocio operativo sin interrupciones.

Estrategias Implementadas:

Para mejorar su flujo de caja y evitar los recargos por pagos tardíos, Carlos implementó las siguientes estrategias:

Inteligencia Financiera

- **Renegociar plazos de pago con proveedores:** Carlos decidió renegociar los **plazos de pago** con sus proveedores clave, extendiendo los términos de 30 a 60 días. Esta medida le permitió conservar el efectivo en mano por más tiempo, lo que mejoró su liquidez sin afectar las relaciones con sus proveedores. Además, con una mejor planificación de los pagos, pudo mantener una relación positiva con los proveedores, quienes confiaron en que recibirían sus pagos de acuerdo a los nuevos términos.

- **Priorización de pagos esenciales:** Carlos también implementó un sistema de **priorización de pagos**, identificando aquellos gastos que eran críticos para mantener su negocio en funcionamiento. Durante momentos de escasez de efectivo, priorizaba los **sueldos**, pagos a proveedores clave y otros servicios esenciales, como la electricidad. Al reducir los pagos no prioritarios, pudo **evitar recargos** y mantener las operaciones diarias sin interrupciones.

Resultado:

Gracias a estas estrategias, Carlos pudo estabilizar su **flujo de caja**, evitando así problemas de liquidez y recargos adicionales. Además, al mejorar la gestión de sus pagos, pudo acumular suficiente efectivo para aprovechar **oportunidades de inversión**, como la compra de inventario a precios reducidos durante periodos estratégicos. Esta capacidad para adquirir inventario a un costo más bajo le permitió aumentar su margen de ganancia, mientras mantenía un flujo de caja saludable y controlado.

Estos ejemplos muestran cómo la **gestión eficaz del flujo de caja** a través de estrategias como la aceleración de cobros, la renegociación de plazos de pago y la priorización de pagos esenciales pueden ayudar a las empresas a **mejorar su liquidez** y evitar problemas financieros a largo plazo.

Después de ver algunos ejemplos prácticos, es hora de profundizar en casos reales donde empresas han enfrentado desafíos financieros relacionados con el flujo de caja. En esta sección, analizaremos estudios de caso que revelan cómo algunas compañías se enfrentaron a problemas de liquidez y qué medidas tomaron para superarlos. Estos casos te mostrarán que, aunque gestionar el flujo de caja puede ser complicado, con las estrategias adecuadas y la toma de decisiones oportuna, es posible salir adelante e incluso convertir los problemas en oportunidades de mejora.

Estudios de Caso Reales

El **flujo de caja** es un indicador clave para la supervivencia y el éxito de las empresas, tanto grandes como pequeñas. La capacidad para **gestionar el flujo de caja** adecuadamente permite a las organizaciones no solo cubrir sus gastos operativos, sino también **aprovechar oportunidades de crecimiento** y superar periodos de crisis. A continuación, se presentan dos estudios de caso que ilustran cómo las prácticas en la gestión del flujo de caja pueden impactar significativamente la sostenibilidad financiera de las empresas.

Estudio de Caso 1: Walmart

Walmart, una de las mayores cadenas minoristas del mundo, ha demostrado una habilidad excepcional para mantener un **flujo de caja positivo** a lo largo de su expansión global. Uno de los principales factores que contribuye a esta estabilidad financiera es su **estricto control de inventario** y su capacidad para negociar **términos favorables** con sus proveedores.

Control de Inventario y Gestión de Pagos

Walmart utiliza un sistema avanzado de **gestión de inventarios**, lo que le permite aplicar el **método just-in-time (JIT)** para asegurarse de que los productos se entregan a sus tiendas solo cuando son necesarios. Este enfoque reduce el exceso de inventario y libera capital que de otro modo estaría inmovilizado en mercancías almacenadas. Según Brigham y Houston (2021), mantener un inventario eficiente es crucial para preservar la liquidez de una empresa, especialmente en sectores como el retail, donde los márgenes de ganancia pueden ser ajustados.

Otra de las estrategias más efectivas de Walmart ha sido la capacidad de **negociar términos de pago favorables** con sus proveedores. Walmart paga a sus proveedores **después de haber vendido** la mayoría de los productos en sus tiendas. Esto significa que la empresa genera **ingresos de las ventas** antes de que el efectivo salga de la empresa, lo que le permite operar con un ciclo de caja positivo. Esta estrategia también le otorga a Walmart una ventaja competitiva, ya que le permite reinvertir en nuevas líneas de productos o iniciativas de crecimiento sin depender excesivamente de financiamiento externo.

Impacto en el Flujo de Caja

Gracias a esta estrategia de **gestión de inventarios** y **negociación de términos de pago**, Walmart ha logrado mantener una **liquidez sólida** incluso en periodos de expansión o incertidumbre económica. Al tener un flujo de caja positivo y controlado, la empresa puede cubrir sus costos operativos, reinvertir en tecnología e infraestructura, y lanzar nuevas estrategias de precios que la mantienen competitiva en el mercado global.

Estudio de Caso 2: General Electric (GE)

Por otro lado, **General Electric (GE)**, una de las empresas industriales más grandes de Estados Unidos, enfrentó serios problemas de flujo de caja en los años previos a la crisis financiera de 2008. Aunque GE había diversificado sus operaciones y expandido agresivamente sus divisiones financieras, esta expansión no estuvo acompañada de una **gestión adecuada del flujo de caja**.

Expansión Descontrolada del Flujo de Caja

Durante los años previos a la crisis, GE experimentó un crecimiento masivo en su división de servicios financieros, conocida como **GE Capital**, que rápidamente se convirtió en una parte dominante de su negocio. Esta expansión incluyó el financiamiento de proyectos inmobiliarios, arrendamientos, préstamos comerciales y otros productos financieros que generaban ingresos, pero también **requerían grandes desembolsos de capital**.

El problema radicaba en que GE dependía excesivamente de **financiamiento externo** para respaldar estas operaciones. En lugar de generar efectivo a través de sus actividades operativas, GE Capital utilizaba **préstamos a corto plazo** para financiar inversiones a largo plazo. Según Fernandes et al. (2014), esta práctica puede ser extremadamente arriesgada, ya que cualquier cambio en las condiciones de financiamiento o una caída en el valor de los activos puede desestabilizar la liquidez de la empresa.

Crisis Financiera y Problemas de Liquidez

Cuando la **crisis financiera de 2008** golpeó, GE se encontró en una situación crítica. Los mercados financieros se contrajeron, lo que hizo que la empresa **perdiera acceso al financiamiento a corto plazo** necesario para respaldar sus operaciones. Esto provocó una severa **crisis de liquidez**, ya que GE no tenía suficiente efectivo para cubrir sus obligaciones de deuda y financiar sus operaciones al mismo tiempo. La empresa tuvo que **reducir drásticamente sus operaciones** y desinvertir en varias de sus divisiones para hacer frente a sus problemas de flujo de caja.

Uno de los errores clave que cometió GE fue no equilibrar adecuadamente sus **ingresos operativos** con sus **desembolsos de capital**, lo que la dejó vulnerable a cambios bruscos en el mercado financiero. Según Ahmed (2018), las empresas que dependen excesivamente de financiamiento externo corren el riesgo de sufrir graves problemas de liquidez cuando las condiciones del mercado se deterioran, como fue el caso de GE.

Reestructuración y Recuperación

Para salir de esta crisis, GE tuvo que realizar una **reestructuración** significativa de sus operaciones. La empresa vendió varias de sus divisiones, incluyendo su segmento inmobiliario, y enfocó sus esfuerzos en sus negocios industriales principales, como la aviación y la generación de energía. Además, la compañía redujo significativamente el tamaño de GE Capital, lo que le permitió **recuperar el control de su flujo de caja** y estabilizar su situación financiera.

Estos dos estudios de caso muestran cómo una **gestión eficaz del flujo de caja**, como la implementada por Walmart, puede ayudar a una empresa a mantener la liquidez y operar de manera eficiente, incluso durante periodos de expansión. Por el contrario, la **expansión descontrolada** sin una adecuada planificación financiera, como en el caso de General Electric, puede llevar a problemas de liquidez que amenacen la estabilidad a largo plazo de la empresa.

Tras analizar tanto ejemplos prácticos como estudios de caso, hemos obtenido una visión completa de cómo gestionar el flujo de caja de manera eficaz. Ahora es el momento de hacer un balance de todo lo aprendido y sintetizar las ideas clave que harán que tu negocio mantenga un flujo de caja saludable. Las conclusiones de este capítulo te ayudarán a comprender cómo mantener el pulso vital de tu empresa fuerte y estable, recordándote que una buena gestión de liquidez es la base para garantizar la viabilidad y el crecimiento de cualquier proyecto empresarial.

Conclusiones del Capítulo

El **flujo de caja** es, sin lugar a dudas, el "pulso vital" de cualquier negocio. Representa el movimiento real del dinero que entra y sale de la empresa, y su gestión adecuada es esencial para garantizar la sostenibilidad financiera a largo plazo. Mientras que las ganancias son importantes para medir la rentabilidad del negocio, el flujo de caja refleja la liquidez, es decir, la capacidad de la empresa para cumplir con sus obligaciones diarias, como pagar a proveedores, empleados y cubrir otros costos operativos. Un negocio con ganancias positivas puede aún enfrentarse a problemas financieros graves si no tiene un flujo de caja suficiente para mantener sus operaciones. Por esta razón, comprender y gestionar correctamente el flujo de caja es fundamental para evitar situaciones de crisis y garantizar que la empresa pueda operar sin interrupciones.

Uno de los errores más comunes que cometen los emprendedores es confundir el **flujo de caja con las ganancias**. Si bien ambos conceptos están interrelacionados, son significativamente diferentes. Las ganancias, que se reflejan en el estado de resultados, indican la rentabilidad de la empresa después de restar los costos de los ingresos. Sin embargo, las ganancias no representan necesariamente el dinero disponible en efectivo para pagar los gastos inmediatos. Por otro lado, el flujo de caja muestra exactamente cuánto dinero está disponible en un momento dado para cubrir las necesidades del negocio. Por ejemplo, una empresa puede tener grandes ventas y aparentes ganancias, pero si los clientes pagan tarde o si los términos de pago son demasiado largos, la falta de efectivo disponible puede poner en peligro la operación diaria. **Entender esta diferencia** permite a los emprendedores tomar decisiones más informadas y evitar problemas de liquidez que podrían amenazar la estabilidad del negocio.

Para mantener un flujo de caja positivo y saludable, es esencial implementar **estrategias eficaces de gestión del efectivo**. Una de las principales estrategias es **acelerar los cobros**. Esto implica optimizar el ciclo de cobros, asegurando que los clientes paguen lo antes posible, lo cual puede incluir ofrecer incentivos por pagos anticipados, implementar sistemas de facturación electrónica o mejorar el seguimiento de los pagos pendientes. Al reducir el tiempo entre la venta y el cobro, las empresas pueden aumentar la liquidez disponible y evitar quedarse cortas de efectivo para cubrir sus obligaciones. La gestión proactiva de los cobros es un elemento crucial para prevenir problemas de flujo de caja, especialmente en negocios que dependen de ciclos de ventas prolongados o con términos de pago extensos.

Otra estrategia clave es **gestionar los pagos** de manera eficiente. Esto no significa retrasar los pagos indefinidamente, sino aprovechar al máximo los términos de pago negociados con los proveedores para equilibrar el flujo de efectivo. Al mantener un buen control sobre los tiempos de pago, las empresas pueden conservar el efectivo durante más tiempo, lo que les permite tener una mayor flexibilidad financiera. Además, es importante mantener relaciones sólidas con los proveedores para negociar términos más favorables, lo que puede incluir descuentos por pagos anticipados o condiciones de pago más flexibles. La optimización de los pagos permite a la empresa utilizar su efectivo de manera más estratégica, asegurando que haya fondos disponibles para cubrir necesidades críticas.

La **gestión del inventario** es otro factor fundamental en el control del flujo de caja. El exceso de inventario inmoviliza grandes cantidades de dinero que podrían utilizarse en otras áreas del negocio, mientras que una gestión ineficiente del inventario puede provocar pérdidas y costos innecesarios. Mantener un inventario equilibrado, basado en proyecciones de demanda precisas y estrategias de rotación adecuadas, permite liberar efectivo que de otro modo estaría atado a productos que no se venden de inmediato. Las empresas que gestionan bien su inventario pueden mejorar su flujo de caja al reducir los costos de almacenamiento y evitar compras innecesarias de inventario adicional, lo que a su vez mejora la eficiencia operativa y la rentabilidad.

Además, la implementación de **pronósticos de flujo de caja** puede marcar una gran diferencia en la estabilidad financiera de una empresa. Al prever los ingresos y egresos futuros, los emprendedores pueden anticiparse a posibles problemas de liquidez y tomar medidas correctivas antes de que se conviertan en una crisis. Los pronósticos permiten a las empresas planificar el futuro con mayor precisión, ajustar sus estrategias de inversión y expansión, y asegurarse de que siempre haya suficiente efectivo disponible para cumplir con las obligaciones. Este tipo de planificación es esencial para evitar sorpresas desagradables, como quedarse sin efectivo en momentos críticos o verse forzados a tomar préstamos en condiciones desfavorables.

En resumen, el **flujo de caja** es el motor que mantiene al negocio en marcha, y su gestión adecuada es clave para garantizar la **sostenibilidad financiera** de cualquier empresa. Comprender la diferencia entre flujo de caja y ganancias proporciona a los emprendedores una visión más clara de su situación financiera real y les permite tomar decisiones más informadas. Estrategias como acelerar los cobros, gestionar los pagos de manera eficiente y controlar el inventario son prácticas esenciales que pueden marcar la diferencia entre una empresa que crece de manera saludable y una que enfrenta problemas financieros recurrentes. Al enfocarse en la gestión del flujo de caja, las empresas no solo aseguran su estabilidad operativa, sino que también se preparan mejor para enfrentar los desafíos financieros que puedan surgir, impulsando su éxito a largo plazo.

Antes de pasar al siguiente tema, es importante llevar todo lo aprendido a un nivel práctico. A continuación, te compartiré algunos consejos y recomendaciones clave que puedes aplicar para mejorar la gestión de tu flujo de caja. Estos consejos te permitirán tomar decisiones más acertadas en el manejo diario de tu negocio, optimizando las entradas de dinero y controlando las salidas con mayor eficiencia.

Recuerda, un flujo de caja estable es el corazón de una empresa sana, y estos tips te ayudarán a mantenerlo en plena forma.

Consejos y Recomendaciones
1. **Monitorea el flujo de caja regularmente:** Realiza un seguimiento frecuente del flujo de caja para detectar problemas antes de que se conviertan en crisis.
2. **No confundas ganancias con flujo de caja:** Una empresa puede ser rentable y tener problemas de liquidez, por lo que es importante prestar atención a ambos indicadores.
3. **Sé proactivo con los cobros:** No esperes a que los clientes se retrasen. Implementa políticas de cobro que fomenten el pago puntual.

Con los consejos en mente, es el momento ideal para poner a prueba lo aprendido con ejercicios prácticos. En esta sección, te invito a aplicar los conceptos y estrategias a tu propia situación financiera, realizando un análisis detallado de tu flujo de caja. Estos ejercicios te permitirán identificar puntos débiles, planificar mejoras y asegurarte de que siempre tengas una reserva adecuada para enfrentar cualquier desafío inesperado. Porque entender el flujo de caja está bien, pero dominarlo en la práctica es lo que te dará la tranquilidad de saber que tienes el control financiero de tu negocio.

Ejercicios Aplicados
1. **Realiza un análisis de flujo de caja:** Identifica tus entradas y salidas de efectivo en los últimos seis meses y determina si tienes un flujo de caja positivo o negativo.
2. **Crea un plan para mejorar tu flujo de caja:** Elabora una estrategia que incluya tácticas para acelerar cobros y gestionar pagos de manera más eficiente.
3. **Establece un fondo de reserva:** Si no tienes uno, crea un fondo de emergencia que cubra al menos tres meses de gastos operativos.

Una vez que hayas trabajado en los ejercicios, es hora de descubrir algunos trucos que te harán la vida más fácil cuando se trata de gestionar tu flujo de caja. En esta sección, te compartiré tips prácticos que te ayudarán a optimizar la gestión de tu dinero, desde el uso de herramientas digitales hasta pequeños ajustes en tus procesos de cobro y pago que pueden tener un gran impacto. Estos trucos te permitirán ser más ágil y eficiente, ayudándote a evitar problemas de liquidez antes de que aparezcan.

Tips y Trucos

- **Utiliza software de gestión financiera:** Herramientas como QuickBooks o Zoho Books pueden ayudarte a monitorear el flujo de caja en tiempo real.

- **Establece recordatorios automáticos para los pagos:** Configura recordatorios o alertas para seguir de cerca los plazos de pago tanto de clientes como de proveedores.

Finalmente, para aquellos que quieran seguir profundizando en el tema de la gestión del flujo de caja, te dejamos una selección de recursos adicionales. Estos materiales te proporcionarán un conocimiento más amplio y detallado, desde libros especializados hasta herramientas financieras que te ayudarán a mantener un control más preciso sobre tus finanzas. La gestión del flujo de caja no tiene por qué ser complicada, y con los recursos adecuados, puedes llevar tus habilidades financieras al siguiente nivel. ¡El aprendizaje continúa, y con estos recursos, estarás siempre un paso adelante!

Recursos Adicionales

- **Libros recomendados:** "Flujo de Caja: La Guía del Empresario" de Philip Campbell, "Cash Flow Quadrant" de Robert Kiyosaki.
- **Cursos online:** "Gestión del Flujo de Caja" en Coursera y "Planificación Financiera para Empresarios" en edX.

Ya has aprendido a mantener el flujo de caja bajo control, pero llega un momento en toda empresa en el que se necesita ir más allá. Cuando surge la necesidad de expansión o

Inteligencia Financiera

afrontar un nuevo proyecto, contar con opciones de financiamiento inteligente es crucial. En la próxima sección, exploraremos las diversas fuentes de financiamiento disponibles, desde préstamos hasta inversiones externas, y cómo elegir la opción más adecuada para tu situación. Tomar decisiones financieras inteligentes en este punto puede ser la diferencia entre un crecimiento exitoso o una carga financiera que te frene.

"El flujo de caja es el oxígeno de un negocio." – **Chris Chocola**

Capítulo 4

Opciones de Financiamiento Inteligente

"Encuentra los Recursos que Impulsarán tu Crecimiento"

El crecimiento de un negocio no solo depende de su modelo operativo, sino también de la **disponibilidad de recursos financieros**. Ya sea para expandir operaciones, desarrollar nuevos productos o entrar en nuevos mercados, las empresas a menudo necesitan capital adicional. Este capítulo explora las diferentes fuentes de financiamiento disponibles para los emprendedores, y cómo preparar un enfoque estratégico para atraer a inversores. Entender tus opciones de financiamiento y cómo seleccionar la más adecuada es fundamental para impulsar el crecimiento sin comprometer la estabilidad financiera de tu empresa.

Explorando Fuentes de Financiamiento

Elegir la **fuente de financiamiento** adecuada es una decisión crítica para cualquier empresa. La fuente ideal dependerá de varios factores, como la **etapa de desarrollo del negocio**, las **necesidades de capital** y las **condiciones del mercado**. Un análisis cuidadoso de cada opción es esencial para asegurar que la estrategia elegida no comprometa la sostenibilidad a largo plazo de la empresa. A continuación, se exploran diversas fuentes de financiamiento, destacando sus características, ventajas y desventajas, para ayudar a los emprendedores a tomar decisiones informadas.

1. Préstamos Bancarios

Los **préstamos bancarios** son una de las formas más tradicionales de financiamiento para las empresas. En este modelo, la empresa recibe una suma de dinero y se compromete a devolverla en **cuotas regulares** junto con el pago de intereses. Esta forma de financiamiento suele ser accesible para **empresas establecidas** que cuentan con un historial financiero sólido y activos que puedan ofrecer como **garantía**.

Ventajas:

- **Acceso a sumas considerables de capital:** Los préstamos bancarios permiten a las empresas acceder a capital significativo para financiar expansiones, adquisiciones o mejoras operativas. Esta opción es particularmente útil para empresas con proyectos a largo plazo que requieren un fuerte respaldo financiero.

- **Los dueños mantienen el control total del negocio:** A diferencia de otras formas de financiamiento, como el **capital de riesgo**, los préstamos bancarios no exigen que la empresa ceda una participación accionaria. Esto significa que los emprendedores pueden mantener el

control absoluto sobre la dirección y decisiones estratégicas del negocio.

Desventajas:

- **Requiere garantías y un historial crediticio sólido:** Las instituciones bancarias suelen requerir que las empresas presenten garantías tangibles (como propiedades o equipos) y cuenten con un historial de crédito positivo. Las **startups** o pequeñas empresas con **flujos de efectivo inestables** podrían enfrentar dificultades para calificar.

- **Costos asociados a los intereses:** Aunque los préstamos permiten un acceso rápido a capital, los pagos de **intereses** pueden convertirse en un costo significativo, especialmente si el **flujo de caja** de la empresa es limitado o no se incrementa al ritmo esperado. Según Brigham y Houston (2021), la carga de los intereses puede afectar la **liquidez** y la capacidad de la empresa para reinvertir en crecimiento.

2. Capital de Riesgo (Venture Capital)

El **capital de riesgo** implica obtener financiamiento de inversores especializados que aportan fondos a cambio de **participación accionaria** en la empresa. Este tipo de financiamiento está dirigido a **empresas emergentes** con alto potencial de crecimiento, como startups tecnológicas, y se enfoca en proyectos innovadores con grandes oportunidades de expansión.

Ventajas:

- **No requiere reembolsos inmediatos:** A diferencia de los préstamos bancarios, el capital de riesgo no exige pagos regulares de reembolso. Los inversores esperan obtener sus retornos cuando la empresa crezca y alcance suficiente valor, lo que puede ser mediante una **venta** o **salida a bolsa**.

- **Asesoramiento estratégico y redes:** Los inversores de capital de riesgo no solo proporcionan dinero, sino también **experiencia estratégica**, conexiones con otras empresas y acceso a **recursos clave** para acelerar el crecimiento. Fernandes et al. (2014) destacan que este apoyo adicional puede ser crucial para el éxito de las startups, que a menudo carecen de las redes necesarias para expandirse.

Desventajas:

- **Ceder parte del control de la empresa:** Al recibir capital de riesgo, los fundadores deben ceder una **parte de la propiedad** del negocio, lo que también puede implicar perder control en algunas decisiones estratégicas. Los inversores de capital de riesgo suelen involucrarse activamente en la toma de decisiones importantes.

- **Presión para lograr un crecimiento rápido:** Los inversores de capital de riesgo buscan retornos significativos y rápidos. Esto puede ejercer **presión adicional** sobre la empresa para que crezca a gran escala en un periodo corto, lo que podría llevar a riesgos operativos o sobreexpansión si no se gestiona adecuadamente.

3. Crowdfunding

El **crowdfunding** ha ganado popularidad como una opción de financiamiento para **startups** y **emprendedores creativos**. A través de plataformas en línea como **Kickstarter** o **Indiegogo**, las empresas pueden recaudar pequeñas cantidades de dinero de un gran número de personas interesadas en apoyar proyectos innovadores.

Ventajas:

- **No es necesario ceder control ni participación accionaria:** Una de las principales ventajas del crowdfunding es que permite a las empresas obtener capital sin tener que ceder **propiedad** ni **control** sobre la empresa. Esto permite a los emprendedores mantener la autonomía en la toma de decisiones.

- **Prueba inicial del mercado y visibilidad de marca:** Además de proporcionar fondos, el crowdfunding permite a las empresas probar sus ideas en el mercado antes de realizar una gran inversión. Las campañas de crowdfunding también generan **visibilidad de marca** y crean una comunidad de seguidores leales que pueden convertirse en clientes.

Desventajas:

- **Requiere una estrategia de marketing sólida:** Para que una campaña de crowdfunding sea exitosa, es necesario diseñar y ejecutar una **estrategia de marketing** convincente que atraiga a los inversores. Sin una promoción adecuada, las campañas corren el riesgo de no alcanzar su objetivo de financiamiento.

- **Capital limitado:** El monto de capital que se puede recaudar a través de crowdfunding puede ser insuficiente para **proyectos grandes** o expansiones ambiciosas, lo que lo convierte en una opción ideal solo para etapas tempranas del negocio.

4. Financiamiento Colectivo de Inversión (Equity Crowdfunding)

El **equity crowdfunding** es una variante del crowdfunding tradicional, pero en este caso, los inversores adquieren una **participación accionaria** en la empresa a cambio de su inversión. Plataformas especializadas como **Seedrs** o **Crowdcube** permiten a las startups acceder a capital significativo mediante este método.

Ventajas:

- **Acceso a grandes cantidades de capital:** El equity crowdfunding permite a las empresas recaudar **sumas importantes** sin depender de instituciones financieras tradicionales. Este método es ideal para startups que buscan una alternativa flexible al **capital de riesgo** o los préstamos bancarios.

- **Sin reembolso ni intereses:** A diferencia de los préstamos, el equity crowdfunding no implica pagos de **intereses** ni **plazos de reembolso**, lo que da a la empresa mayor libertad financiera para invertir en el crecimiento sin una carga de deuda.

Desventajas:

- **Pérdida parcial de control:** Al igual que el capital de riesgo, el equity crowdfunding implica ceder **participación accionaria**, lo que puede diluir el control que los fundadores tienen sobre la empresa. Cuantos más inversores participen, mayor será el número de partes interesadas que pueden influir en la toma de decisiones.

- **Cumplimiento regulatorio:** Las empresas que optan por el equity crowdfunding deben cumplir con **regulaciones financieras** más estrictas y estar preparadas para proporcionar un nivel de transparencia elevado en sus operaciones, lo que puede ser una carga adicional para las empresas más pequeñas.

5. Financiamiento por Factoring

El **factoring** consiste en vender las **cuentas por cobrar** de una empresa a una entidad financiera a cambio de un adelanto en efectivo. Esta opción es ideal para empresas que necesitan **liquidez inmediata** y no desean asumir deuda a largo plazo. Según Brigham y Houston (2021), el factoring es una herramienta útil para mejorar el **flujo de caja** sin comprometer la propiedad del negocio.

Ventajas:

- **Liquidez inmediata sin endeudamiento:** El factoring permite a las empresas obtener **efectivo rápido** sin la necesidad de asumir nuevas deudas, lo que mejora el flujo de caja sin aumentar el nivel de endeudamiento.

- **Mejora del flujo de caja:** Las empresas pueden convertir rápidamente sus **cuentas por cobrar** en efectivo, lo que facilita el pago de proveedores o la inversión en nuevas oportunidades, sin depender de los tiempos de pago de los clientes.

Desventajas:

- **Costos elevados:** Aunque el factoring proporciona liquidez inmediata, las entidades financieras suelen cobrar **comisiones significativas**, lo que puede hacer que esta opción sea costosa en comparación con otras formas de financiamiento.

- **Impacto en la relación con los clientes:** Al vender las cuentas por cobrar a una entidad financiera, los clientes pueden verse afectados al ser contactados por un tercero para gestionar los pagos, lo que podría afectar la relación comercial.

6. Bootstrapping

El **bootstrapping** implica financiar el crecimiento de una empresa utilizando sus **propios recursos**, como los ingresos generados por el negocio o el capital personal de los fundadores. Esta es una estrategia común en **etapas iniciales**, especialmente para emprendedores que prefieren mantener el **control total** de su empresa sin recurrir a inversores externos.

Ventajas:

- **Control total sobre la empresa:** El bootstrapping permite a los emprendedores mantener el **control absoluto** sobre su empresa, ya que no tienen que ceder propiedad ni asumir deuda externa. Esto proporciona mayor libertad para tomar decisiones estratégicas sin tener que rendir cuentas a inversores o prestamistas.

- **Sin deuda ni intereses:** Dado que el crecimiento se financia con los propios recursos de la empresa, no hay necesidad de asumir deudas o pagar intereses, lo que reduce la **carga financiera**.

Desventajas:

- **Crecimiento más lento:** Dado que la empresa depende exclusivamente de sus **recursos internos**, el crecimiento puede ser más lento en comparación con las empresas que acceden a capital externo, lo que puede limitar su capacidad para expandirse rápidamente.

- **Mayor riesgo personal:** El bootstrapping implica un **mayor riesgo personal** para los emprendedores, ya que utilizan sus propios fondos y, en algunos casos, sus ahorros personales para financiar el negocio. Esto puede generar una mayor presión si el negocio enfrenta problemas financieros inesperados.

Explorar las diversas fuentes de financiamiento es el primer paso para encontrar el capital que tu negocio necesita, pero el siguiente reto es estar preparado para atraer a los inversores adecuados. No se trata solo de conocer las opciones, sino de saber cómo presentarte y qué hacer para que tu empresa sea atractiva para quienes están dispuestos a invertir. En la próxima sección, te guiaremos a través del proceso de preparación, desde la creación de un plan de negocios sólido hasta la presentación de tus números con claridad. Porque buscar inversores no es solo pedir dinero, es construir relaciones estratégicas que impulsen el crecimiento de tu negocio.

Cómo Prepararte para Buscar Inversores

Buscar **inversores externos** es una decisión estratégica que puede proporcionar el capital necesario para impulsar el crecimiento de tu empresa. Sin embargo, atraer a los inversores adecuados requiere una preparación minuciosa y una presentación convincente que demuestre que tu negocio no solo es rentable, sino también sostenible y escalable. A continuación, se detallan los pasos clave para preparar un pitch financiero efectivo y asegurarte de estar bien preparado para enfrentarte a posibles inversores.

1. Crear un Pitch Financiero Atractivo

Un **pitch financiero sólido** es la herramienta fundamental para captar la atención de los inversores y persuadirlos de que tu negocio tiene el **potencial de crecimiento** necesario para generar un retorno sobre su inversión. Según Brigham y Houston (2021), un buen pitch debe ser **conciso, claro y orientado a los datos** financieros, destacando tanto las oportunidades de crecimiento como los posibles riesgos y la estrategia para mitigarlos.

Elementos clave del pitch financiero:

- **Visión clara del negocio:** Comienza presentando una descripción precisa y concisa de lo que hace tu empresa, el problema que resuelve y cómo se diferencia de la competencia. Este es el primer paso para captar el interés del inversor. Debes ser capaz de **articular tu propuesta de valor** en pocas palabras y de manera que resuene con los intereses del inversor.

- **Plan de crecimiento:** Presenta una **proyección clara y realista** sobre cómo planeas hacer crecer tu negocio en el corto y largo plazo. Esto puede incluir detalles sobre **nuevos mercados**, expansión de productos o servicios, y estrategias de marketing y ventas. Es importante ser transparente en cuanto a las expectativas de crecimiento, evitando promesas poco realistas que puedan socavar la confianza del inversor.

- **Estrategia de monetización:** Explica cómo planeas generar ingresos de manera sostenible. Los inversores querrán entender exactamente **cómo y cuándo** tu empresa comenzará a generar beneficios. Esto incluye mostrar los **modelos de ingresos** y las fuentes de monetización, como ventas directas, suscripciones, publicidad, entre otros.

- **Análisis financiero:** Este es uno de los componentes más críticos. Proporciona un análisis detallado de los **ingresos actuales**, **costos operativos**, **márgenes de ganancia** y **proyecciones de flujo de caja**. De acuerdo con Ahmed (2018), los inversores buscan una empresa que tenga una sólida **gestión financiera** y capacidad para proyectar su **crecimiento futuro** basado en datos verificables.

- **Rendimiento esperado para los inversores:** Indica cómo y cuándo los inversores podrán obtener un retorno de su inversión. Esto puede incluir **dividendos**, **liquidación de acciones** en una futura **salida a bolsa**, o un **exit** estratégico a través de la venta de la empresa. Los inversores necesitan tener claridad sobre la **rentabilidad esperada** y el plazo en el que pueden ver resultados.

2. Preparar Documentos Financieros Sólidos

Además de un pitch atractivo, los inversores querrán ver una base financiera sólida antes de comprometer su dinero. La preparación de **documentos financieros detallados** es esencial para demostrar que tu negocio es estable y que has considerado todos los aspectos financieros relacionados con su crecimiento y operación. Según

Fernandes et al. (2014), los documentos financieros no solo deben mostrar la situación actual de la empresa, sino también proyectar su desempeño futuro con un enfoque basado en datos.

Documentos clave:

- **Estados financieros actuales y proyectados:** Asegúrate de preparar documentos financieros esenciales, como el **estado de resultados**, el **balance general** y el **estado de flujos de efectivo**. Estos informes deben mostrar la **salud financiera** de tu empresa en términos de ingresos, gastos, activos y pasivos. Además, es crucial incluir **proyecciones financieras** a futuro, que reflejen el impacto esperado de las inversiones y la expansión.

- **Proyecciones de ventas:** Este documento debe detallar cómo esperas que crezcan tus ventas en los próximos años, identificando las fuentes de ingresos y los factores clave que impulsarán el crecimiento. Un enfoque realista y basado en datos históricos y estudios de mercado es fundamental para **garantizar la confianza** de los inversores.

- **Análisis de costos:** Los inversores quieren saber que tienes un **control riguroso** sobre tus costos operativos. Debes incluir un análisis detallado que muestre cómo planeas **optimizar los costos**, especialmente en áreas clave como la producción, distribución y marketing. La capacidad de reducir costos sin comprometer la calidad o la escalabilidad del negocio es un aspecto atractivo para los inversores, según Brigham y Houston (2021).

Importancia de la transparencia financiera:

Los documentos financieros deben estar preparados con **transparencia** y deben ser realistas. Los inversores experimentados pueden detectar fácilmente inconsistencias o sobreestimaciones en los documentos financieros, lo que puede dañar la credibilidad del emprendedor y afectar negativamente la posibilidad de obtener financiamiento. Según Ahmed (2018), la **transparencia financiera** y la capacidad de ofrecer información precisa son factores clave que influyen en la decisión de inversión.

3. Conocer a Tu Audiencia

Entender **quién es tu inversor** y qué criterios valora es tan importante como tener un buen pitch financiero. Cada tipo de inversor tiene diferentes expectativas y busca distintos indicadores antes de comprometerse con una empresa. Los **inversores ángeles**, por ejemplo, suelen estar interesados en la **innovación** y el potencial de retorno, mientras que las **firmas de capital de riesgo** tienden a priorizar empresas con modelos escalables que puedan crecer rápidamente y generar **grandes retornos** en poco tiempo.

Claves para ajustar tu enfoque según el tipo de inversor:

- **Inversores ángeles:** Estos inversores suelen estar interesados en apoyar **startups** innovadoras en sus primeras etapas. Buscan **oportunidades de alto riesgo y alta recompensa**, por lo que tu pitch debe resaltar no solo el potencial de retorno financiero, sino también el **impacto innovador** de tu producto o servicio. Además, los inversores ángeles a menudo valoran la **pasión del equipo fundador** y su compromiso con la visión empresarial.

- **Firmas de capital de riesgo (VC):** Las **VC** suelen centrarse en empresas con **potencial de escalabilidad** y crecimiento rápido. Al presentar a este tipo de inversores, es importante enfatizar cómo tu empresa puede crecer exponencialmente en mercados globales, qué tan rápido puede alcanzar hitos importantes y cómo generará **retornos significativos** en un periodo de tiempo relativamente corto. También debes estar preparado para mostrar cómo planeas enfrentar la **competencia** y los **riesgos del mercado**.

- **Inversores institucionales:** Las grandes **instituciones financieras** buscan empresas más maduras y con un historial probado de **rendimiento financiero**. A estos inversores les interesa ver cómo tu empresa ha gestionado el crecimiento y la **eficiencia operativa** en el pasado, y estarán más inclinados a financiar empresas que ya están generando ingresos estables, con un enfoque en **mitigación de riesgos** a largo plazo.

Adaptar el discurso a la audiencia:

Cada presentación debe adaptarse a la **audiencia específica**. Según Fernandes et al. (2014), conocer las **motivaciones y preocupaciones** del inversor es esencial para ajustar el enfoque del pitch. Por ejemplo, si te presentas ante un grupo de **inversores de impacto**, deberías destacar los beneficios sociales o ambientales de tu empresa además de los retornos financieros. Por otro lado, una **firma de capital privado** podría estar más interesada en tus **estrategias de salida** y en cómo planeas maximizar el valor para los accionistas en un corto plazo.

En resumen, la capacidad para **adaptar el pitch** a las expectativas y el perfil de cada inversor es crucial para tener éxito en la búsqueda de financiamiento.

Una vez que entiendas cómo prepararte para buscar inversores, es hora de ver cómo todo esto funciona en situaciones reales. En esta sección, te ofreceremos ejemplos prácticos de emprendedores que se enfrentaron a la necesidad de financiamiento y lograron obtenerlo de manera exitosa. Estos ejemplos ilustrarán cómo una preparación adecuada y una estrategia clara pueden marcar la diferencia entre un proyecto que capta la atención de los inversores y uno que pasa desapercibido. Porque en el mundo del financiamiento, cada detalle importa, y estos ejemplos te mostrarán cómo poner en práctica lo aprendido de manera efectiva.

Ejemplos Prácticos

El éxito de muchas empresas en sus etapas iniciales se debe en gran parte a la capacidad de identificar y aprovechar las fuentes de financiamiento adecuadas. A continuación, se describen dos ejemplos de cómo empresas como **Airbnb** y **Tesla** utilizaron estrategias de financiamiento innovadoras y eficaces para impulsar su crecimiento y consolidarse en el mercado.

Ejemplo 1: Cómo Airbnb Usó el Crowdfunding para Su Lanzamiento Inicial

En sus primeros días, **Airbnb** enfrentaba serias dificultades financieras. Los fundadores, Brian Chesky, Joe Gebbia y Nathan Blecharczyk, necesitaban capital para financiar el desarrollo de la plataforma que eventualmente revolucionaría el mercado de alojamientos temporales. En lugar de recurrir a fuentes tradicionales de financiamiento, decidieron utilizar una **estrategia creativa** basada en un modelo de **crowdfunding temprano**.

Crowdfunding Creativo y Visibilidad de Marca

Para recaudar fondos de manera rápida y generar **visibilidad de marca**, los fundadores de Airbnb lanzaron una campaña vendiendo **cereales temáticos** durante las elecciones presidenciales de Estados Unidos en 2008. Crearon ediciones limitadas de cajas de cereales llamados **Obama O's** y **Cap'n McCain's**, en referencia a los candidatos Barack Obama y

John McCain. Esta iniciativa, aunque no era un modelo formal de crowdfunding como los que conocemos hoy (plataformas como Kickstarter o Indiegogo), permitió a Airbnb recaudar más de **$30,000** en efectivo, una suma que fue crucial para mantener el proyecto en marcha durante sus primeros meses de operación.

Además de recaudar fondos, la estrategia de crowdfunding creativo de Airbnb logró algo igualmente importante: **atraer la atención de los medios** y de futuros inversores. La campaña de cereales no solo demostró la capacidad de los fundadores para pensar de manera innovadora, sino que también generó un **valor de marca** temprano. Según Fernandes et al. (2014), generar visibilidad en las primeras etapas de un negocio puede ser un factor determinante para captar la atención de inversores más grandes y consolidar la **credibilidad** de la empresa en el mercado.

Resultados del Crowdfunding Inicial

Gracias a esta campaña de crowdfunding, Airbnb no solo logró sobrevivir en su fase más temprana, sino que también **captó la atención** de inversores de capital de riesgo que vieron el potencial de la plataforma. La creatividad de esta estrategia demostró la capacidad de los fundadores para generar ingresos de manera innovadora y estableció las bases para futuras rondas de financiamiento. Posteriormente, Airbnb cerró importantes acuerdos de inversión con firmas de capital de riesgo como **Sequoia Capital**, lo que le permitió escalar su negocio y expandirse internacionalmente. Según

Brigham y Houston (2021), las empresas que logran superar los desafíos iniciales de financiamiento con creatividad y determinación suelen ser más atractivas para los inversores que valoran la **resiliencia** y la capacidad de generar resultados en condiciones adversas.

Ejemplo 2: Cómo Tesla Atrajo Capital de Riesgo

Tesla, fundada por Elon Musk y otros emprendedores en 2003, es otro ejemplo destacado de cómo las empresas pueden aprovechar el **capital de riesgo** para financiar su crecimiento y desarrollar tecnología de vanguardia. A diferencia de Airbnb, Tesla necesitaba una cantidad significativa de **financiamiento** para desarrollar su visión de **vehículos eléctricos** de alto rendimiento, lo que requería un enfoque más estructurado hacia los inversores de capital de riesgo.

La Visión de Tesla y la Innovación Tecnológica

Desde sus inicios, Tesla representaba una **propuesta de alto riesgo**. La industria automotriz es intensiva en capital, y lanzar un nuevo vehículo eléctrico al mercado en una época en la que el sector se enfocaba en motores de combustión interna presentaba grandes desafíos. Sin embargo, los fundadores de Tesla, junto con Elon Musk, lograron **convencer a inversores de capital de riesgo** de que su visión tenía un futuro prometedor.

El **pitch financiero** de Tesla enfatizaba no solo el impacto potencial de la movilidad eléctrica en el futuro, sino también las **innovaciones tecnológicas** detrás de sus vehículos, como las baterías de litio de alta capacidad y la eficiencia energética que prometían sus primeros modelos. La clave para atraer a los inversores de capital de riesgo fue presentar un **plan de crecimiento escalable** y demostrar cómo Tesla podría eventualmente dominar el mercado de los vehículos eléctricos. De acuerdo con Ahmed (2018), las empresas emergentes que presentan un **modelo de crecimiento sostenible** basado en **tecnología disruptiva** y alta escalabilidad suelen ser las que más atraen a los inversores de capital de riesgo.

Resultados del Capital de Riesgo

Los primeros inversores en Tesla, incluidos algunos de los principales actores de capital de riesgo como **Draper Fisher Jurvetson**, jugaron un papel crucial en proporcionar el capital necesario para que Tesla pudiera financiar el desarrollo de sus primeros modelos, como el **Roadster**. Este vehículo, aunque no generó grandes ventas inicialmente, demostró que Tesla podía fabricar coches eléctricos de alto rendimiento, lo que ayudó a consolidar la **credibilidad tecnológica** de la empresa.

El financiamiento proporcionado por estos inversores fue fundamental para que Tesla pudiera construir sus **fábricas**, desarrollar una cadena de suministro eficiente y lanzar modelos más accesibles, como el **Model S** y, eventualmente, el **Model 3**. Este apoyo financiero permitió a

Tesla crecer rápidamente, asegurando su posición como líder en la industria automotriz eléctrica. Brigham y Houston (2021) señalan que el acceso al capital de riesgo es especialmente importante para las empresas de alta tecnología, ya que estas requieren fuertes inversiones iniciales antes de comenzar a generar ingresos significativos.

En resumen, los primeros pasos de Tesla en la atracción de capital de riesgo permitieron a la compañía financiar su ambicioso plan de expansión y consolidar su liderazgo en la **industria automotriz eléctrica**.

Después de ver algunos ejemplos prácticos, es momento de profundizar en historias reales de empresas que lograron obtener financiamiento inteligente. En la siguiente sección, analizaremos estudios de caso que muestran cómo diferentes tipos de financiamiento – desde capital de riesgo hasta crowdfunding – ayudaron a empresas a despegar y expandirse. Estos casos te enseñarán que no existe una única fórmula para el éxito financiero, pero sí patrones que puedes aplicar a tu propio camino. Descubre cómo otros enfrentaron sus desafíos de financiamiento y cómo esas lecciones pueden ser valiosas para ti.

Estudios de Caso Reales

Las empresas emergentes pueden acceder a diferentes fuentes de financiamiento para transformar ideas innovadoras en proyectos globales. Los ejemplos de **Uber** y **Pebble** muestran cómo dos estrategias de financiamiento —el **capital de riesgo** y el **crowdfunding**— fueron clave para el desarrollo y crecimiento de sus modelos de negocio. Sin embargo, ambas estrategias tienen implicaciones importantes en la gestión y evolución de las empresas, que deben ser cuidadosamente consideradas.

Estudio de Caso 1: Uber y el Capital de Riesgo

Uber, fundada en 2009 por Travis Kalanick y Garrett Camp, es un caso emblemático de cómo el **capital de riesgo** puede transformar una **startup** en un gigante global. La empresa revolucionó la industria del transporte al introducir un servicio de **viajes bajo demanda** a través de una plataforma móvil. Sin embargo, para escalar rápidamente y mantenerse competitiva, Uber necesitaba grandes sumas de financiamiento que le permitieran expandirse internacionalmente y mejorar su tecnología.

El Rol del Capital de Riesgo en el Crecimiento de Uber

Desde sus primeros años, Uber atrajo **millones de dólares** en financiamiento a través de **capital de riesgo**, lo que fue crucial para su rápida expansión. Firmas de **venture capital** como **Benchmark**, **Sequoia Capital** y **SoftBank** invirtieron grandes cantidades de capital en la empresa, lo que permitió a Uber implementar sus servicios en ciudades de todo el mundo. De acuerdo con Brigham y Houston (2021), el acceso a capital de riesgo es fundamental para startups que requieren grandes inversiones iniciales, especialmente en sectores altamente competitivos o tecnológicamente disruptivos.

Este flujo de capital permitió a Uber:

- **Escalar rápidamente a nivel global:** Uber pasó de operar en una sola ciudad a expandirse a más de 900 ciudades en todo el mundo en menos de una década. Esta expansión agresiva fue posible gracias al capital de riesgo, que financió tanto la **infraestructura tecnológica** como la **adquisición de clientes**.

- **Mejorar su tecnología y producto:** Uber destinó grandes cantidades de su financiamiento a mejorar su **plataforma tecnológica**, asegurando una experiencia de usuario eficiente y escalable, lo que fue esencial para su éxito en mercados altamente competitivos.

- **Superar a la competencia:** En muchos mercados, Uber tuvo que enfrentarse a competidores locales e internacionales. El capital de riesgo le permitió mantenerse competitiva, adaptando su modelo de negocio a las regulaciones locales y ofreciendo incentivos financieros para ganar cuota de mercado, como descuentos en viajes y bonificaciones a los conductores.

Desafíos del Capital de Riesgo en Uber

Sin embargo, la participación de inversores de capital de riesgo también trajo desafíos significativos. A medida que la empresa crecía, la presión de los inversores para **generar**

retornos rápidos aumentaba, lo que llevó a decisiones estratégicas agresivas que, en ocasiones, impactaron negativamente la **cultura organizacional** y la **reputación** de Uber. En 2017, la empresa enfrentó problemas internos graves, incluyendo disputas en su alta dirección, lo que llevó a la salida de su fundador Travis Kalanick.

Este caso ilustra una de las desventajas del capital de riesgo: al ceder **control parcial** de la empresa a los inversores, las startups pueden verse obligadas a priorizar el **crecimiento acelerado** por encima de otros factores importantes, como la sostenibilidad operativa o la cohesión interna. Según Ahmed (2018), la presión de los inversores para alcanzar una rápida monetización puede generar tensiones dentro de la gestión de la empresa, especialmente si el crecimiento se persigue a cualquier costo.

Estudio de Caso 2: Kickstarter y el Crowdfunding

El **crowdfunding** ha emergido como una poderosa herramienta de financiamiento para startups, permitiendo a los emprendedores **recaudar capital** directamente de consumidores interesados en sus productos. Un ejemplo destacado de cómo el crowdfunding puede impulsar un producto al éxito global es el **reloj inteligente Pebble**, uno de los primeros dispositivos **wearables** que alcanzó gran popularidad.

Kickstarter y el Lanzamiento del Reloj Pebble

En 2012, Pebble lanzó una campaña en **Kickstarter** con el objetivo de recaudar **$100,000** para financiar la producción inicial de su reloj inteligente, que prometía integrar **tecnología avanzada** con simplicidad y personalización para los usuarios. La campaña fue un éxito rotundo, recaudando más de **$10 millones** de más de 68,000 patrocinadores, lo que convirtió a Pebble en uno de los proyectos más exitosos en la historia de Kickstarter hasta ese momento.

Beneficios del Crowdfunding para Pebble

El éxito de Pebble a través de Kickstarter demostró cómo el crowdfunding puede ofrecer más que simplemente financiamiento. Entre los beneficios clave que Pebble obtuvo de su campaña de crowdfunding se incluyen:

- **Financiamiento sin ceder control:** A diferencia del capital de riesgo, el crowdfunding permitió a Pebble recaudar una gran cantidad de capital sin necesidad de ceder participación accionaria ni control operativo de la empresa. Esto le dio a los fundadores la libertad de tomar decisiones estratégicas sin la presión de inversores externos.

- **Validación de la idea ante el mercado:** El éxito masivo de la campaña de Pebble no solo proporcionó fondos, sino que también sirvió como una **validación temprana** de su producto. El apoyo de decenas de miles de patrocinadores demostró que existía una

demanda significativa para el reloj inteligente, lo que generó confianza tanto en los consumidores como en los futuros inversores.

- **Visibilidad y marketing gratuito:** La cobertura mediática que recibió Pebble a través del éxito de su campaña en Kickstarter generó una gran **visibilidad de marca**, posicionándola como una **pionera** en la industria de los wearables. Según Fernandes et al. (2014), uno de los grandes beneficios del crowdfunding es que no solo proporciona capital, sino que también ayuda a construir una **base de clientes leales** que apoyan el proyecto desde el principio.

Desafíos del Crowdfunding para Pebble

Sin embargo, el crowdfunding también presenta desafíos, especialmente en cuanto a la **expectativa de los patrocinadores**. Pebble enfrentó retrasos en la entrega de su producto, lo que generó frustración entre sus patrocinadores. Según Brigham y Houston (2021), los proyectos financiados a través de crowdfunding deben cumplir con las expectativas de sus patrocinadores, ya que cualquier incumplimiento en las promesas puede afectar la **reputación** de la empresa y su capacidad para realizar campañas futuras.

A pesar de estos desafíos, Pebble logró utilizar su éxito en Kickstarter para atraer el interés de **inversores institucionales** y expandir su negocio, lanzando versiones mejoradas de su reloj inteligente en los años siguientes.

Estos estudios de caso demuestran cómo tanto el **capital de riesgo** como el **crowdfunding** pueden ser poderosas herramientas para financiar el crecimiento de startups. Mientras que el capital de riesgo puede proporcionar el financiamiento necesario para una expansión rápida y a gran escala, el crowdfunding ofrece a las empresas emergentes la oportunidad de validar sus productos en el mercado sin necesidad de ceder control operativo.

Al revisar los estudios de caso y analizar las diferentes estrategias de financiamiento, hemos cubierto una amplia gama de opciones que podrían ser adecuadas para tu negocio. Ahora, al llegar a las conclusiones de este capítulo, es momento de reflexionar sobre qué fuentes de financiamiento encajan mejor con tu situación actual. Tomar la decisión correcta requiere no solo conocimiento, sino también una evaluación honesta de tus necesidades, tus metas a largo plazo y el perfil de tu empresa. Las conclusiones te guiarán para que puedas tomar decisiones informadas que impulsen el crecimiento sin comprometer la estabilidad financiera de tu negocio.

Conclusiones del Capítulo

Elegir la opción de financiamiento adecuada es una de las decisiones más críticas que un emprendedor debe tomar, ya que puede determinar el éxito o el fracaso de una empresa, especialmente en su etapa de crecimiento. A medida que una empresa evoluciona, sus necesidades financieras cambian, y encontrar la fuente de financiamiento más adecuada es fundamental para asegurar un desarrollo sostenido sin comprometer la estabilidad financiera. Cada fuente de financiamiento ofrece diferentes ventajas y desventajas, por lo que es vital que los emprendedores no solo comprendan estas diferencias, sino que también evalúen cuidadosamente cuál es la opción que mejor se alinea con sus metas, su modelo de negocio y la etapa en la que se encuentra la empresa.

En las primeras etapas de un negocio, los emprendedores a menudo recurren a financiamientos como **capital semilla**, aportaciones propias o préstamos familiares, los cuales ofrecen flexibilidad pero pueden ser limitados en cuanto a montos. A medida que el negocio crece y sus necesidades de capital aumentan, se abre un abanico de opciones más sofisticadas, como el **capital de riesgo**, los **préstamos bancarios** o la **emisión de deuda**. Cada una de estas opciones tiene implicaciones distintas. Por ejemplo, el capital de riesgo puede ser ideal para startups con alto potencial de crecimiento, pero a menudo implica ceder una parte del control de la empresa a los inversores. Por otro lado, los préstamos bancarios pueden ofrecer financiamiento sin diluir la propiedad, pero aumentan la presión sobre el flujo de caja debido a las obligaciones de pago de intereses. Tomar la decisión correcta requiere una evaluación profunda de las necesidades inmediatas y futuras del negocio, así como de las implicaciones a largo plazo de cada tipo de financiamiento.

Además, es importante tener en cuenta que no todos los tipos de financiamiento son apropiados para todas las etapas de desarrollo de una empresa. Por ejemplo, una empresa en sus primeras fases de operación podría no estar lista para atraer **capital de riesgo** o **inversores ángeles** hasta que haya validado su producto y tenga un modelo de negocio claro y escalable. En esta etapa, puede ser más conveniente optar por fondos propios o financiamiento a través de incubadoras o aceleradoras, que no solo ofrecen capital, sino también mentores y recursos para consolidar el negocio. En cambio, una empresa en una fase de expansión, con flujos de ingresos establecidos y planes claros de crecimiento, podría beneficiarse de **financiamiento de deuda** o **fondos de capital privado** para acelerar su desarrollo, lanzar nuevos productos o expandirse a otros mercados. La clave está en elegir la opción que se ajuste no solo a las necesidades actuales, sino también a la visión estratégica de la empresa.

Un aspecto igualmente importante es la **preparación adecuada para atraer inversores o conseguir financiamiento**. No basta con identificar la fuente de financiamiento ideal; también es crucial preparar un **pitch financiero sólido** y presentar documentos bien organizados y detallados. Los inversores y prestamistas quieren ver que los emprendedores tienen un control firme sobre las finanzas de su empresa y que han pensado en los riesgos y oportunidades de manera estratégica. Un pitch financiero efectivo debe comunicar claramente el potencial de crecimiento del negocio, su propuesta de valor y cómo se utilizarán los fondos solicitados para generar valor a largo plazo. Además, los documentos financieros, como los estados de resultados, proyecciones de ingresos, balance general y análisis de flujo de caja, deben estar bien preparados y ser fáciles de entender. Estos documentos no solo demuestran la viabilidad del negocio, sino que también generan confianza en los inversores o prestamistas sobre la capacidad del emprendedor para gestionar el dinero de manera efectiva.

Inteligencia Financiera

Al mismo tiempo, es fundamental que los emprendedores comprendan que atraer **inversores adecuados** no se trata solo de obtener capital, sino también de encontrar socios que compartan la visión a largo plazo de la empresa. Un inversor adecuado no solo proporcionará los fondos necesarios, sino que también podrá ofrecer experiencia, conexiones y apoyo estratégico para ayudar a la empresa a crecer. Por ello, es esencial que los emprendedores evalúen cuidadosamente qué tipo de relación desean establecer con sus inversores y cómo estos pueden contribuir más allá del dinero. Encontrar el socio financiero correcto puede marcar una diferencia significativa en el éxito a largo plazo del negocio.

En conclusión, seleccionar la opción de financiamiento adecuada es una decisión estratégica que puede tener un impacto duradero en el desarrollo y éxito de una empresa. Cada fuente de financiamiento tiene ventajas y desventajas, y la clave para los emprendedores es identificar aquella que mejor se adapte a las necesidades específicas y a la etapa de crecimiento de su negocio. Asimismo, una preparación adecuada, con un pitch financiero convincente y documentos bien organizados, aumenta significativamente las probabilidades de atraer a los inversores o prestamistas adecuados. Al alinear la fuente de financiamiento con la visión estratégica de la empresa y preparar un plan financiero sólido, los emprendedores pueden asegurar el capital necesario para impulsar el crecimiento y construir una base sólida para el futuro.

Antes de avanzar, quiero ofrecerte algunos consejos prácticos que te ayudarán a implementar lo aprendido sobre financiamiento. Estos consejos te permitirán abordar el proceso de búsqueda de capital con más confianza, desde cómo estructurar tu propuesta financiera hasta cuándo es el mejor momento para buscar inversión. Además, te ayudaremos a evitar los errores más comunes que pueden desalentar a los inversores. Con estos tips, estarás mejor preparado para presentar tu negocio como una oportunidad irresistible y, lo más importante, para asegurar los recursos que necesitas para crecer de manera inteligente.

Consejos y Recomendaciones

1. **Evalúa las necesidades de tu empresa:** No todas las fuentes de financiamiento son adecuadas para todas las empresas. Considera cuidadosamente tus necesidades de capital y el tipo de apoyo que buscas antes de decidirte.

2. **Mantén una transparencia total:** Los inversores buscan empresas con finanzas claras y objetivos realistas. Sé honesto sobre los riesgos y desafíos que enfrenta tu negocio.

3. **No dependas de una sola fuente de financiamiento:** Considera la posibilidad de diversificar tus fuentes de capital para reducir el riesgo.

Con los consejos frescos en mente, es hora de pasar a la acción con ejercicios aplicados. Estos ejercicios te ayudarán a poner en práctica lo aprendido, adaptando los conceptos de financiamiento a tu propia empresa. Desde evaluar cuál es la mejor fuente de financiamiento para ti hasta preparar tu pitch financiero, estos ejercicios están diseñados para que adquieras la confianza y las habilidades necesarias para enfrentarte al mundo de los inversores. Porque al final, la clave no es solo saber qué hacer, sino saber cómo hacerlo en tu situación específica.

Ejercicios Aplicados

1. **Identifica tu opción de financiamiento ideal:** Analiza las diferentes opciones presentadas en este capítulo y selecciona la que mejor se ajuste a las necesidades de tu negocio.

2. **Crea un pitch financiero:** Desarrolla un pitch de 10 minutos que puedas presentar a potenciales inversores, destacando tus proyecciones y necesidades de financiamiento.

3. **Haz un análisis de riesgos:** Evalúa los riesgos potenciales de cada opción de financiamiento y cómo podrías mitigarlos.

Una vez que hayas trabajado en los ejercicios, es el momento de descubrir algunos trucos que te facilitarán el proceso de financiamiento. Aquí encontrarás tips rápidos y efectivos para optimizar tu búsqueda de capital, mejorar tus presentaciones ante inversores y aprovechar al máximo cada oportunidad de financiamiento. Estos trucos te permitirán evitar errores comunes y te ayudarán a enfocarte en lo que realmente importa: captar la atención de los inversores y asegurar los recursos necesarios para el crecimiento de tu negocio de manera ágil y eficiente.

Tips y Trucos

- **Investiga a los inversores:** Antes de contactar a un inversor, asegúrate de que tenga experiencia en tu industria y comparta tu visión a largo plazo.

- **Prepara múltiples escenarios:** Cuando prepares tus proyecciones, incluye escenarios optimistas, moderados y conservadores para demostrar que estás preparado para diferentes eventualidades.

Finalmente, si deseas seguir profundizando en el mundo del financiamiento inteligente, te ofrecemos una lista de recursos adicionales que te ayudarán a continuar aprendiendo. Desde libros hasta herramientas digitales, estos recursos te permitirán ampliar tus conocimientos y mejorar tus habilidades para atraer inversores y gestionar el capital de manera más efectiva. La búsqueda de financiamiento no termina aquí, y con estos materiales podrás seguir perfeccionando tus estrategias y encontrar las mejores soluciones para tu negocio. ¡El crecimiento está a tu alcance, y estos recursos serán tus aliados en cada paso del camino!

Recursos Adicionales

- **Libros recomendados:** "Raising Venture Capital" de Rupert Pearce y Simon Barnes, "La empresa emergente" de Eric Ries.

- **Cursos online:** "Financing for Startups" en Coursera, "Venture Capital and Startup Financing" en Udemy.

Con el financiamiento adecuado asegurado, se abre un horizonte lleno de posibilidades. El próximo reto es cómo utilizar ese capital para impulsar el crecimiento empresarial de manera efectiva. En esta sección, exploraremos estrategias de inversión que te permitirán no solo expandir tu negocio, sino también asegurar que cada movimiento sea rentable y esté alineado con tus objetivos a largo plazo. Desde la reinversión de utilidades hasta la diversificación de activos, descubrirás cómo hacer que cada dólar trabaje para ti. Porque la inversión inteligente no solo impulsa el crecimiento, sino que sienta las bases para el éxito duradero.

"El financiamiento adecuado es como un trampolín: puede llevarte a las alturas si lo usas bien, pero puede hundirte si lo malinterpretas." – **Michael Milken**

Capítulo 5

Inversión y Crecimiento Empresarial

"Haz Crecer tu Negocio con Decisiones Inteligentes"

El crecimiento empresarial no sucede por accidente. Requiere **decisiones estratégicas**, una planificación cuidadosa y un enfoque claro en cómo y cuándo reinvertir los recursos. Una empresa exitosa no solo busca sobrevivir, sino también expandirse y aumentar su rentabilidad. Este capítulo examina cómo las inversiones inteligentes y la planificación adecuada pueden llevar tu negocio al siguiente nivel, explorando las estrategias más efectivas para impulsar el crecimiento.

Estrategias de Inversión para Impulsar tu Negocio

Uno de los desafíos más importantes para los empresarios es decidir cómo **reinvertir las ganancias** para maximizar el crecimiento y el valor a largo plazo. Una gestión eficiente de los recursos generados internamente puede ser el catalizador que impulse tu empresa hacia nuevas oportunidades y mayores niveles de competitividad. En esta sección, se exploran algunas de las estrategias clave de inversión que puedes implementar para garantizar que tus recursos sean aprovechados de manera eficiente y generen el mayor impacto posible.

1. Reinvertir en Activos Clave

Reinvertir en **activos clave** es una de las formas más directas y efectivas de impulsar el crecimiento de tu negocio. Los activos clave son aquellos que juegan un papel fundamental en la **generación de ingresos** o en la mejora de la **eficiencia operativa**. Al mejorar o ampliar estos activos, tu empresa estará mejor preparada para capitalizar futuras oportunidades de crecimiento y enfrentar desafíos potenciales.

Áreas clave para la reinversión:

- **Infraestructura tecnológica:** En un mundo cada vez más digitalizado, invertir en la **tecnología adecuada** puede aumentar significativamente la **productividad** y mejorar la **experiencia del cliente**. Las empresas que adoptan tecnologías de vanguardia, como software de gestión empresarial, plataformas de comercio electrónico o inteligencia artificial, pueden mejorar la eficiencia operativa y optimizar el flujo de trabajo, reduciendo errores y ahorrando tiempo y recursos. Según Fernandes et al. (2014), la inversión en infraestructura tecnológica es esencial para garantizar la competitividad en un mercado globalizado.

- **Capacitación del personal:** El **capital humano** es uno de los activos más valiosos de cualquier empresa.

Invertir en la **capacitación y desarrollo** de tus empleados no solo aumenta la **eficiencia** y **productividad**, sino que también mejora la **retención de talento**. Según Brigham y Houston (2021), las empresas que invierten en la formación continua de sus empleados experimentan menores tasas de rotación y disfrutan de una fuerza laboral más comprometida y motivada. Programas de capacitación en liderazgo, habilidades técnicas y desarrollo personal pueden transformar la cultura de trabajo y asegurar el éxito a largo plazo.

- **Expansión de capacidad:** Si la demanda de tus productos o servicios está creciendo, reinvertir en la **expansión de tu capacidad operativa** es una estrategia lógica para satisfacer esa demanda. Esto puede incluir la adquisición de **nueva maquinaria**, la ampliación de instalaciones o la mejora de los procesos productivos. Al mejorar tu capacidad de producción, tu empresa podrá escalar de manera más eficiente y capitalizar nuevas oportunidades de mercado.

2. Innovación y Desarrollo de Productos

La **innovación** es uno de los principales motores del crecimiento a largo plazo. Empresas que invierten en **investigación y desarrollo (I+D)** para crear nuevos productos o mejorar los existentes pueden posicionarse como **líderes del mercado**. Aunque la inversión en I+D puede ser considerable, las recompensas en términos de diferenciación y captación de mercado pueden ser significativas.

Áreas clave para la innovación:

- **Desarrollo de nuevos productos o servicios:** Invertir en el desarrollo de **nuevos productos** permite a las empresas **expandir su oferta** y llegar a nuevos segmentos de mercado. Según Ahmed (2018), las empresas que diversifican su cartera de productos tienen una mayor capacidad para capturar nuevas fuentes de ingresos y reducir su dependencia de un solo producto o servicio. Además, la creación de nuevos productos puede ayudar a **abrir mercados** completamente nuevos.

- **Mejora de productos existentes:** La innovación no siempre tiene que significar la creación de algo completamente nuevo. Escuchar a los **clientes** y mejorar los productos o servicios actuales puede ser igualmente valioso. Las empresas que perfeccionan continuamente sus productos para adaptarse a las necesidades cambiantes del consumidor tienden a **fidelizar clientes** y mejorar su posición en el mercado. Este enfoque incremental hacia la innovación, conocido como **mejora continua**, puede generar una ventaja competitiva sostenida.

- **Tecnologías emergentes:** Invertir en **tecnologías emergentes** puede transformar la forma en que opera tu empresa y te posiciona como un **pionero en la industria**. Tecnologías como la **inteligencia artificial**, **big data** y la **automatización de procesos** pueden optimizar las operaciones, mejorar la experiencia del cliente y proporcionar una ventaja competitiva significativa. La implementación de estas tecnologías puede reducir los costos operativos, mejorar la eficiencia y generar nuevos flujos de ingresos.

3. Expansión del Mercado

La **expansión de mercado** es otra estrategia clave de inversión que puede impulsar el crecimiento de tu negocio. Esto puede incluir tanto la **expansión geográfica** como la **entrada en nuevos segmentos de mercado**. Las empresas que buscan ampliar su alcance pueden descubrir nuevas oportunidades de crecimiento y diversificación de ingresos.

Estrategias para la expansión de mercado:

- **Internacionalización:** Llevar tu negocio a **mercados extranjeros** puede ofrecer oportunidades significativas para aumentar tus ventas y diversificar tus ingresos. Sin embargo, la internacionalización requiere una **inversión cuidadosa** en investigación de mercado, infraestructura y estrategias de entrada. Según Brigham y Houston (2021), las empresas que logran establecerse en mercados internacionales suelen disfrutar de un mayor crecimiento a largo plazo, ya que diversifican los riesgos y aprovechan economías de escala.

- **Diversificación:** Ampliar tu **oferta de productos o servicios** para entrar en nuevos nichos o industrias relacionadas puede aumentar las fuentes de ingresos y proteger a la empresa de los cambios en el mercado. La diversificación también puede ayudarte a reducir la vulnerabilidad a crisis o fluctuaciones en un solo sector. Empresas exitosas tienden a diversificar su portafolio de productos o servicios para aumentar la estabilidad y aprovechar diferentes oportunidades de mercado.

- **Marketing y branding:** Invertir en una **estrategia de marketing sólida** es clave para mejorar la **visibilidad** de tu marca y captar una base de clientes más amplia. Las empresas que invierten en **branding** y estrategias de marketing digital bien diseñadas suelen tener una mayor capacidad para atraer y retener clientes. Las herramientas de marketing basadas en datos permiten optimizar campañas y mejorar el **retorno sobre la inversión (ROI)**.

4. Automatización y Optimización de Procesos

La **automatización** es una estrategia de inversión que permite a las empresas escalar más rápidamente, ya que reduce los costos operativos y mejora la **eficiencia** sin la necesidad de aumentar el tamaño de la fuerza laboral. La inversión en **herramientas de automatización** puede optimizar los procesos, lo que a su vez libera tiempo y recursos para enfocarse en actividades estratégicas.

Áreas clave para la automatización:

- **Sistemas de gestión empresarial (ERP):** Un **ERP** es una plataforma que centraliza toda la información operativa de la empresa, lo que facilita la **gestión de recursos**, la planificación y el análisis de datos. Al implementar un sistema ERP, las empresas pueden **mejorar la eficiencia operativa** y reducir los errores humanos. Según Ahmed (2018), las empresas que adoptan un ERP tienden a experimentar una mayor **optimización en la cadena de suministro** y en la **gestión financiera**.

- **Automatización del marketing:** Las herramientas que automatizan procesos de marketing, como el **email marketing**, la gestión de redes sociales y las **campañas publicitarias**, permiten a las empresas ejecutar estrategias más complejas sin aumentar significativamente los costos operativos. Estas herramientas no solo mejoran la eficiencia, sino que también permiten un **análisis en tiempo real** del desempeño de las campañas, lo que facilita la toma de decisiones basadas en datos.

- **Automatización de la producción:** Para las empresas manufactureras, la automatización de las líneas de producción es clave para **reducir costos** y **mejorar la calidad**. La automatización permite a las empresas incrementar su **producción** sin aumentar proporcionalmente los costos laborales, lo que mejora los **márgenes de beneficio**. La **reducción de errores** y el **aumento en la velocidad de producción** son otros beneficios asociados con la automatización de procesos productivos.

Invertir inteligentemente es el primer paso para ver crecer tu negocio, pero una vez que logras generar valor, el siguiente desafío es planificar su expansión de manera estratégica. No basta con querer crecer; es necesario hacerlo con una visión clara y un plan sólido que garantice que cada movimiento esté respaldado por recursos adecuados y una estructura escalable. En la próxima sección, aprenderás cómo diseñar ese plan de expansión, explorando los elementos clave que te permitirán escalar tu empresa de manera sostenible y exitosa. Porque el crecimiento no se trata solo de tamaño, sino de construir una empresa capaz de adaptarse y prosperar en el largo plazo.

Planea la Expansión y Escalabilidad de tu Empresa

Una vez que decides **invertir en el crecimiento** de tu negocio, es crucial establecer un **plan estructurado** que permita **escalar** de manera controlada y sostenible. La **expansión** sin una planificación adecuada puede provocar problemas operativos, desajustes financieros y pérdida de calidad en los productos o servicios ofrecidos. Para evitar estos obstáculos, es fundamental utilizar **herramientas** y **métricas** claras que te permitan medir el progreso y realizar los ajustes necesarios en el camino.

1. Mide el Éxito con KPIs Claros

Los **indicadores clave de rendimiento (KPIs)** son herramientas esenciales para evaluar el éxito de la expansión y la escalabilidad del negocio. Los KPIs proporcionan una base objetiva para medir el progreso hacia los objetivos de crecimiento y te permiten identificar qué aspectos del negocio necesitan ajuste. De acuerdo con Brigham y Houston (2021), el seguimiento adecuado de estos indicadores puede ser un diferenciador clave entre una expansión exitosa y una que provoque ineficiencias y pérdidas.

KPIs esenciales para la expansión y escalabilidad:

- **Crecimiento de ingresos:** Este KPI mide cuánto han crecido los **ingresos** de tu empresa durante un período específico. Un crecimiento saludable en los ingresos es un signo claro de que las estrategias de expansión están funcionando. Sin embargo, es importante contrastar este indicador con otros, como los márgenes de ganancia, para asegurarse de que el crecimiento sea sostenible.

- **Márgenes de ganancia:** Mantener o mejorar los **márgenes de ganancia** a medida que se expande el negocio es crucial. Un crecimiento rápido no debe comprometer la **rentabilidad**. Si los márgenes empiezan a disminuir mientras escalas, podría ser una señal de que los costos operativos están creciendo más rápido que los ingresos, lo que puede afectar la sostenibilidad a largo plazo.

- **Costo de adquisición de clientes (CAC):** Este indicador mide cuánto te cuesta **adquirir nuevos clientes** y es especialmente relevante cuando el objetivo es la expansión hacia nuevos mercados o segmentos. Mantener el CAC en niveles sostenibles es esencial para garantizar que el crecimiento no comprometa la **rentabilidad**. Un aumento descontrolado en el CAC puede erosionar los márgenes de beneficio, incluso si los ingresos están creciendo.

- **Tasa de retención de clientes:** Es mucho más rentable mantener a los clientes existentes que adquirir nuevos. La **retención de clientes** es un factor clave para el crecimiento rentable. Según Ahmed (2018), una alta tasa de retención refleja que el negocio está proporcionando valor sostenido a sus clientes, lo cual es un indicador de **calidad** y **satisfacción del cliente**. Empresas con una alta retención tienen un flujo de ingresos más estable y predecible.

- **Escalabilidad operativa:** Este KPI mide la **capacidad del negocio para crecer** sin que los costos operativos aumenten de manera proporcional. La escalabilidad implica que la empresa puede aumentar su volumen de producción o servicios sin incurrir en costos significativamente mayores, lo que es crucial para asegurar un crecimiento **eficiente** y **sostenible**.

2. Herramientas para Planificar el Crecimiento

El uso de **herramientas estratégicas** adecuadas es fundamental para gestionar el crecimiento de forma efectiva y controlar el proceso de expansión. Estas herramientas permiten identificar oportunidades, evaluar riesgos y ajustar los planes a medida que cambian las condiciones del mercado.

Herramientas clave para planificar el crecimiento:

- **Análisis FODA (Fortalezas, Oportunidades, Debilidades y Amenazas):** El **análisis FODA** es una herramienta fundamental para identificar las **áreas clave** en las que tu empresa puede capitalizar oportunidades de crecimiento o abordar debilidades que podrían obstaculizar la expansión. Este análisis también permite anticipar **amenazas externas**, como la competencia o los cambios regulatorios, que podrían afectar negativamente el crecimiento. De acuerdo con Fernandes et al. (2014), el uso del análisis FODA proporciona una visión clara de las áreas donde la empresa debe concentrar sus recursos para maximizar el impacto del crecimiento.

- **Proyecciones financieras:** Realizar **proyecciones financieras** a 3, 5 y 10 años te permitirá evaluar si el crecimiento proyectado es **financieramente sostenible**. Estas proyecciones deben basarse en datos reales y tener en cuenta factores clave como el **flujo de caja**, los **costos operativos** y las **oportunidades de mercado**. Un buen análisis financiero anticipado permite evitar problemas de **liquidez** o **sobrecostos** que puedan comprometer la expansión.

- **Mapas de crecimiento:** Un **mapa de crecimiento** es una herramienta visual que te ayuda a planificar la

expansión geográfica o el ingreso a nuevos segmentos de mercado. Este tipo de mapa permite trazar una estrategia clara para identificar **cuándo y cómo** entrar en nuevas áreas o mercados, qué recursos serán necesarios y cuáles serán las metas clave en cada fase del proceso. Los mapas de crecimiento también facilitan la coordinación entre diferentes departamentos, ya que proporcionan una visión clara de las prioridades estratégicas.

- **Metodologías ágiles:** Implementar **metodologías ágiles** en la gestión empresarial permite que el negocio se adapte rápidamente a los cambios en el mercado y ajuste sus **estrategias de crecimiento** en tiempo real. Las metodologías ágiles promueven la **flexibilidad** y la **colaboración** entre los equipos, lo que es esencial cuando el entorno empresarial cambia rápidamente. Estas metodologías permiten iterar sobre los procesos y realizar ajustes sin comprometer el ritmo de crecimiento.

3. Gestión del Riesgo al Escalar

Escalar un negocio conlleva una serie de **riesgos** que deben ser gestionados de manera proactiva. Las empresas que no identifican y gestionan estos riesgos corren el riesgo de comprometer tanto su **operación** como su **sostenibilidad financiera**. Según Ahmed (2018), la **gestión de riesgos** es uno de los aspectos más críticos durante una fase de expansión, ya que el crecimiento sin control puede provocar fallos operativos, financieros o estratégicos.

Riesgos comunes y estrategias para gestionarlos:

- **Sobredimensionamiento:** Uno de los mayores riesgos al escalar es crecer demasiado rápido sin tener en cuenta las limitaciones de **recursos financieros** o **operativos**. Cuando una empresa crece demasiado rápido, puede enfrentar problemas de flujo de caja, ya que los ingresos generados por el crecimiento pueden no ser suficientes para cubrir los gastos operativos adicionales. Para mitigar este riesgo, es crucial **planificar la expansión** en fases controladas, asegurando que el crecimiento sea sostenible y que los recursos estén alineados con las demandas operativas.

- **Saturación del mercado:** Entrar en nuevos mercados sin una **investigación adecuada** puede generar problemas, como la **saturación del mercado** o el fracaso en establecer una base de clientes estable. Las empresas deben llevar a cabo un análisis exhaustivo de los mercados nuevos, considerando factores como la **competencia**, la **demanda del consumidor** y las **barreras de entrada**. La falta de planificación en este aspecto puede resultar en **costos inesperados** y pérdida de recursos.

- **Problemas operativos:** A medida que el negocio escala, los procesos operativos que funcionaban bien a pequeña escala pueden no adaptarse a un entorno de mayor volumen. Esto puede generar **cuellos de botella**, ineficiencias o pérdida de calidad en el servicio o producto. Según Brigham y Houston (2021), la **automatización de procesos** y la inversión en

infraestructura tecnológica adecuada son estrategias clave para evitar problemas operativos durante la fase de expansión. Las empresas deben asegurarse de que sus sistemas y procesos estén diseñados para **adaptarse al crecimiento**, manteniendo altos niveles de eficiencia y control de calidad.

Gestionar estos riesgos de manera proactiva y utilizar las herramientas adecuadas para planificar el crecimiento son aspectos fundamentales para asegurar que la expansión de la empresa se realice de forma eficiente, sostenible y rentable.

Planificar la expansión de tu negocio puede sonar ambicioso, pero la verdadera magia está en ver cómo estas estrategias se aplican en situaciones reales. A continuación, exploraremos ejemplos prácticos que muestran cómo diferentes emprendedores han llevado a cabo sus planes de expansión de manera exitosa. Estos ejemplos te permitirán visualizar los pasos que debes tomar para llevar tu empresa al siguiente nivel, mostrando que, con la estrategia adecuada, el crecimiento es alcanzable y manejable. Porque el crecimiento empresarial es posible cuando las decisiones se basan en fundamentos sólidos y visión a largo plazo.

Ejemplos Prácticos

Las estrategias de inversión bien planificadas y la expansión controlada son fundamentales para el éxito a largo plazo de cualquier empresa. A continuación, se presentan dos ejemplos prácticos de cómo la **reinversión en innovación** y la **expansión geográfica planificada** pueden impulsar el crecimiento y consolidar la posición de una empresa en el mercado.

Ejemplo 1: Reinversión en Innovación Tecnológica

Una **empresa de software** especializada en **gestión de proyectos** decidió implementar una estrategia de reinversión agresiva en **innovación tecnológica**. La empresa destinó el **20 % de sus utilidades anuales** a desarrollar nuevas funcionalidades basadas en **inteligencia artificial (IA)**, lo que le permitió mejorar significativamente su oferta de productos.

Impacto de la Inversión en IA

El equipo directivo de la empresa identificó que la IA podía aportar un **valor diferencial** al permitir la automatización de tareas rutinarias en la gestión de proyectos, como la asignación automática de recursos o la predicción de plazos de entrega. Según Ahmed (2018), la adopción de tecnologías emergentes como la inteligencia artificial no solo mejora la **eficiencia operativa**, sino que también refuerza la **competitividad** en mercados saturados.

Además, al implementar estas nuevas funciones, la empresa consiguió justificar un **aumento de precios** en sus productos, ya que los clientes percibían un **valor añadido** significativo. Esta capacidad de ofrecer una solución más avanzada y adaptada a las necesidades del mercado actual permitió a la empresa **diferenciarse de la competencia**, lo que se tradujo en un crecimiento sostenido de sus ingresos.

Resultados del Crecimiento

La reinversión en IA también permitió que la empresa alcanzara nuevos segmentos de mercado, incluyendo grandes corporaciones que necesitaban soluciones más personalizadas y potentes para gestionar proyectos complejos. Esto amplió la base de clientes y mejoró los **márgenes de ganancia** a medida que el producto se consolidaba como una solución premium. Como resultado, la empresa logró un **crecimiento significativo** en los años siguientes, triplicando sus ingresos en un período de cinco años.

Este ejemplo muestra cómo la reinversión en **tecnologías avanzadas** puede transformar el modelo de negocio de una empresa y mejorar su competitividad, tal como lo señalan Brigham y Houston (2021). Al desarrollar capacidades innovadoras, las empresas pueden mejorar la **experiencia del cliente** y asegurarse un crecimiento sostenible a largo plazo.

Ejemplo 2: Expansión Geográfica Exitosa

Una **cadena de cafeterías**, que comenzó como un pequeño negocio local en una ciudad de tamaño mediano, decidió llevar a cabo una **estrategia de expansión geográfica** hacia **mercados urbanos más grandes**. La dirección de la empresa había identificado que sus productos tenían un gran potencial en áreas metropolitanas, donde la demanda por cafeterías especializadas estaba creciendo de manera constante. Sin embargo, en lugar de apresurarse a expandirse rápidamente, la empresa adoptó un enfoque meticuloso y basado en datos.

Análisis de Mercado y Planificación Estratégica

El primer paso fue realizar un **análisis exhaustivo** de los **costos de entrada** en las principales ciudades objetivo, considerando factores como el **alquiler comercial**, la **competencia local** y las **tendencias de consumo**. Además, la empresa utilizó un **mapa de crecimiento** para identificar las zonas urbanas con mayor demanda potencial y alineó su estrategia de expansión con las **proyecciones financieras** a largo plazo. De acuerdo con Fernandes et al. (2014), la expansión hacia nuevos mercados debe estar respaldada por un análisis financiero sólido para evitar **sobrecostos** o problemas de liquidez.

Tras un año de planificación, la empresa lanzó su primera nueva ubicación en una gran ciudad, asegurándose de que todas las **operaciones** y **procesos internos** estuvieran listos para manejar el aumento de la demanda. Los resultados fueron tan positivos que la empresa decidió abrir **cuatro ubicaciones más** en el transcurso de los siguientes dos años, consolidándose como una **marca reconocida** en el mercado urbano.

Resultados del Crecimiento Controlado

La clave del éxito de esta expansión fue la **estrategia gradual** y la toma de decisiones basadas en **estudios de mercado detallados**. En lugar de expandirse de manera agresiva, la empresa mantuvo un enfoque conservador que le permitió ajustar sus operaciones y mitigar riesgos, como la saturación del mercado o problemas de flujo de caja. Según Brigham y Houston (2021), una expansión controlada y bien planificada es fundamental para garantizar que los costos no crezcan más rápido que los ingresos, especialmente en los primeros años.

Este enfoque también permitió que la empresa mantuviera altos niveles de **calidad** y **satisfacción del cliente**, lo que fue crucial para su éxito a largo plazo en un mercado competitivo.

Después de revisar ejemplos prácticos, es momento de profundizar en historias de crecimiento reales. En esta sección, veremos estudios de caso de empresas que lograron expandirse exitosamente a través de inversiones estratégicas. Analizaremos cómo estas empresas tomaron decisiones clave en los momentos adecuados y cómo gestionaron los desafíos que surgieron en el camino. Estos casos te mostrarán que no existe un solo camino hacia el crecimiento, pero las estrategias bien pensadas y una ejecución impecable pueden transformar por completo el rumbo de un negocio. Descubre cómo las decisiones inteligentes impulsaron estas historias de éxito y cómo puedes aplicar esas lecciones en tu propia empresa.

Estudios de Caso Reales

Las empresas líderes en sus sectores han logrado expandirse de manera significativa no solo gracias a la innovación y la escalabilidad, sino también a través de la implementación de **estrategias de inversión bien planificadas** que les permiten crecer sin comprometer su eficiencia operativa o su capacidad para mantenerse competitivas. A continuación, se presentan dos casos emblemáticos: **Amazon**, por su enfoque en la escalabilidad operativa, y **Apple**, por su estrategia de inversión constante en innovación.

Estudio de Caso 1: Amazon y la Escalabilidad Operativa

Amazon, fundada por Jeff Bezos en 1994, es un claro ejemplo de cómo una empresa puede lograr un **crecimiento explosivo** mientras mantiene un control efectivo sobre sus **operaciones globales**. Amazon es el mayor minorista en línea del mundo, y gran parte de su éxito radica en su capacidad para **escalar** sin que los costos operativos crezcan proporcionalmente.

Estrategias de Escalabilidad Operativa

Uno de los principales factores detrás del éxito de Amazon es su inversión en **tecnología avanzada** para optimizar sus operaciones. Desde sus primeros años, la empresa ha adoptado una estrategia de **automatización** y **optimización logística** que le ha permitido ofrecer **envíos rápidos y eficientes** a nivel global. Un ejemplo clave de esta automatización es el uso de **robots** en sus centros de distribución. Amazon adquirió la empresa **Kiva Systems** en 2012, lo que le permitió integrar **robots automatizados** para el almacenamiento y la selección de productos en sus almacenes. Según Brigham y Houston (2021), esta tecnología no solo aumentó la **eficiencia operativa**, sino que también redujo significativamente los costos laborales y mejoró la **precisión** en la gestión del inventario.

Además de la automatización en la distribución, Amazon ha invertido en **plataformas tecnológicas avanzadas** como **Amazon Web Services (AWS)**, que no solo han generado una nueva fuente de ingresos, sino que también han proporcionado a la empresa las herramientas necesarias para gestionar su enorme infraestructura global de manera eficiente. AWS es un claro ejemplo de cómo la **diversificación estratégica** en áreas tecnológicas puede potenciar el crecimiento de una empresa y mejorar su resiliencia ante los cambios del mercado.

Resultados del Crecimiento Escalable

Gracias a esta inversión constante en tecnología y automatización, Amazon ha podido **expandir** su negocio a nivel mundial sin que los costos operativos aumenten a la misma velocidad que los ingresos. De acuerdo con Ahmed (2018), la clave para un crecimiento escalable es asegurar que la infraestructura de una empresa sea **flexible** y pueda adaptarse al aumento de la demanda sin generar costos desproporcionados. En este sentido, Amazon ha logrado mantener **márgenes de ganancia** saludables, incluso cuando ha aumentado su presencia en mercados internacionales y ha añadido nuevos servicios a su cartera.

Otro factor importante en la estrategia de escalabilidad de Amazon es su enfoque en la **experiencia del cliente**, lo que ha permitido mantener altos niveles de **retención de clientes** y aumentar las tasas de **recompra**. Este enfoque ha sido fundamental para el crecimiento continuo de la empresa y para consolidarse como un líder global en la industria del comercio electrónico.

Estudio de Caso 2: Apple y la Inversión en Innovación

Apple es reconocida por su enfoque constante en la **reinversión en innovación**, lo que le ha permitido no solo mantener su relevancia en el competitivo mercado de la tecnología, sino también liderar varias revoluciones tecnológicas. A lo largo de su historia, la empresa ha destinado grandes cantidades de recursos a **investigación y desarrollo (I+D)**, lo que ha resultado en la creación de productos disruptivos como el **iPhone**, el **iPad** y el **Apple Watch**.

Estrategia de Innovación Constante

En lugar de centrarse únicamente en mejorar productos existentes, Apple ha adoptado una estrategia de **innovación disruptiva**, invirtiendo en tecnologías emergentes y en el desarrollo de nuevos productos que redefinen mercados enteros. La empresa ha demostrado una capacidad inigualable para **anticiparse a las tendencias tecnológicas** y crear productos que no solo satisfacen las necesidades de los consumidores actuales, sino que también generan **nuevas demandas**.

El **iPhone**, por ejemplo, es uno de los mayores éxitos de la empresa y ha sido el motor de gran parte de su crecimiento en la última década. Apple invirtió años de investigación y grandes sumas en desarrollo tecnológico antes de lanzar el iPhone en 2007, y desde entonces ha seguido innovando con mejoras constantes en el software, hardware y diseño del dispositivo. Según Fernandes et al. (2014), una de las principales ventajas de invertir en innovación es la capacidad de una empresa para **mantener una ventaja competitiva** sostenible y establecer un alto nivel de **fidelidad de marca**.

Impacto Financiero de la Innovación

El enfoque de Apple en la innovación no solo le ha permitido lanzar productos exitosos, sino que también ha generado un crecimiento sostenido y una rentabilidad excepcional. En 2020, Apple destinó más de **$18 mil millones** a investigación y desarrollo, y esta estrategia ha sido clave para su **expansión** continua en nuevos segmentos de mercado, como los servicios digitales y el contenido multimedia, áreas que complementan su oferta de hardware.

Esta inversión en innovación ha permitido a Apple alcanzar una **capitalización de mercado** superior a los **$2 billones** en 2020, lo que la convierte en una de las empresas más valiosas del mundo. Además, el éxito de sus productos ha creado un **ecosistema cerrado** que fomenta la lealtad del cliente y genera múltiples flujos de ingresos, como la venta de accesorios, aplicaciones y servicios en línea.

De acuerdo con Brigham y Houston (2021), la capacidad de Apple para **reinvertir constantemente en su propio crecimiento** es uno de los principales factores que explican su liderazgo en la industria tecnológica. La combinación de **productos innovadores**, una **marca fuerte** y una **estrategia de diversificación** ha permitido a la empresa mantenerse en la vanguardia y seguir dominando mercados clave a nivel global.

Estos ejemplos muestran cómo Amazon y Apple han utilizado enfoques diferentes para gestionar su crecimiento: Amazon a través de la **escalabilidad operativa** y la automatización, y Apple mediante la **inversión en innovación**. Ambas estrategias son ejemplos de cómo las empresas pueden crecer de manera significativa y sostenida, manteniendo el control sobre sus operaciones y diferenciándose en el mercado.

Al examinar ejemplos y estudios de caso, hemos visto de primera mano cómo las inversiones estratégicas y una planificación cuidadosa pueden llevar a un crecimiento empresarial significativo. Ahora es el momento de extraer las conclusiones más importantes de este capítulo. Reflexionaremos sobre cómo cada decisión financiera, cada estrategia de expansión y cada inversión pueden ser los catalizadores que lleven tu empresa al siguiente nivel. Al final de este capítulo, tendrás las herramientas necesarias para no solo visualizar el crecimiento de tu empresa, sino también para diseñar una hoja de ruta clara hacia la expansión.

Conclusiones del Capítulo

El **crecimiento empresarial sostenible** no es producto de la casualidad, sino el resultado de una **planificación estratégica sólida** y decisiones de inversión bien fundamentadas. Para que una empresa prospere a largo plazo, es esencial que sus líderes no solo enfoquen sus esfuerzos en generar utilidades, sino también en cómo reinvertir esas ganancias de manera inteligente. Este proceso de reinversión puede ser un catalizador para la **innovación**, la **expansión a nuevos mercados** y la **mejora continua de la eficiencia operativa**. Sin embargo, para que el crecimiento sea realmente sostenible, debe estar respaldado por una planificación cuidadosa, herramientas de análisis adecuadas y la capacidad de tomar decisiones estratégicas basadas en datos precisos.

Una de las claves del crecimiento sostenible es la capacidad de **reinvertir las utilidades de manera efectiva**. En lugar de distribuir todas las ganancias o destinarlas a fines a corto plazo, las empresas que reinvierten inteligentemente pueden utilizar estos recursos para fomentar la innovación en productos y servicios, modernizar sus operaciones, automatizar procesos o expandirse a nuevos mercados. Este tipo de reinversión permite que las empresas mantengan su competitividad, respondan a las demandas cambiantes del mercado y fortalezcan su posición a largo plazo. Por ejemplo, invertir en **tecnología** y en **mejora operativa** puede aumentar la eficiencia y reducir costos a medida que la empresa crece, mientras que destinar recursos a la **investigación y desarrollo** puede abrir nuevas oportunidades de productos y servicios que mantengan a la empresa en la vanguardia de su sector.

La **expansión a nuevos mercados** es otro aspecto fundamental de la estrategia de crecimiento, pero debe ser abordada con cuidado y planificación. Si bien la tentación de ingresar a nuevos territorios o ampliar la oferta de productos es grande, las empresas deben hacerlo de manera calculada, evaluando no solo el potencial de ganancias, sino también los riesgos involucrados. Las expansiones rápidas o no planificadas pueden generar problemas de capacidad, aumento de costos o dilución de los recursos, lo que comprometería la sostenibilidad del negocio. En este sentido, reinvertir en una investigación de mercado profunda y en la adaptación de la oferta a las necesidades locales puede asegurar que la expansión se realice de manera más eficiente y controlada. Un crecimiento saludable es aquel que se realiza de manera **progresiva** y estratégica, sin comprometer los recursos actuales ni generar un sobreesfuerzo operativo.

Por otro lado, **mejorar la eficiencia operativa** a medida que se crece es esencial para sostener el éxito a largo plazo. A medida que las empresas expanden sus operaciones, las complejidades aumentan, y una gestión ineficiente de estos nuevos desafíos puede traducirse en sobrecostos o pérdidas de calidad. Reinvertir en herramientas tecnológicas avanzadas, automatización y en la formación del personal ayuda a mantener una **estructura operativa eficiente** y flexible, capaz de adaptarse a la mayor demanda sin comprometer el control de costos ni la calidad de los productos o servicios ofrecidos. La **optimización de los procesos** operativos también contribuye a reducir los tiempos de producción, mejorar la satisfacción del cliente y aumentar la capacidad de la empresa para aprovechar las oportunidades de crecimiento que puedan surgir.

Además, un crecimiento sostenible requiere el uso de **herramientas y métricas adecuadas** que permitan a las empresas monitorear su progreso y tomar decisiones basadas en datos confiables. Las empresas que planifican su crecimiento de manera estructurada se apoyan en herramientas como **proyecciones financieras**, **análisis de costos** y **métricas de rendimiento clave (KPIs)** que permiten evaluar la viabilidad de sus inversiones y monitorear de cerca su desempeño. Estas herramientas proporcionan una visión clara del estado financiero actual de la empresa y permiten prever la rentabilidad y el impacto de futuras inversiones. Al utilizar estas métricas, los líderes empresariales pueden asegurarse de que el crecimiento esté alineado con los objetivos a largo plazo y no comprometa la estabilidad financiera de la organización.

Igualmente, importante es la **planificación controlada del crecimiento**. No todas las oportunidades son adecuadas, y las empresas deben evitar el riesgo de crecer demasiado rápido sin tener los cimientos adecuados. Un crecimiento descontrolado puede generar problemas de flujo de caja, sobrecargar las operaciones y generar tensiones dentro de la organización. Por ello, las empresas deben adoptar un enfoque disciplinado, asegurándose de que cada paso hacia la expansión esté respaldado por un plan financiero sólido, un análisis riguroso del mercado y la capacidad interna de absorber la expansión sin sacrificar la calidad o eficiencia. Este enfoque permite que el crecimiento no solo sea rápido, sino también sostenible, garantizando que la empresa mantenga el control en cada etapa de su desarrollo.

En conclusión, el **crecimiento empresarial sostenible** depende de una **planificación estratégica sólida** y de decisiones de inversión inteligentes. Reinvertir las utilidades de manera efectiva en innovación, expansión de mercados y mejora operativa no solo impulsa el crecimiento a corto plazo, sino que también prepara a la empresa para enfrentar los desafíos futuros con éxito. Asimismo, planificar cuidadosamente el crecimiento mediante el uso de **herramientas y métricas adecuadas** garantiza que la expansión sea sostenible y controlada, evitando los riesgos de un crecimiento desmedido que pueda comprometer la estabilidad del negocio. Al adoptar un enfoque disciplinado y bien fundamentado, las empresas pueden asegurar un crecimiento saludable y perdurable en el tiempo, manteniendo su competitividad y solidez financiera.

Antes de pasar al siguiente tema, quiero compartir algunos consejos prácticos para ayudarte a aplicar lo aprendido sobre inversión y crecimiento empresarial. Estos consejos están diseñados para que puedas tomar decisiones inteligentes en cada etapa de tu expansión, desde cómo elegir las áreas correctas para invertir hasta cómo asegurarte de que tu empresa crezca sin perder su estabilidad. Recuerda que el crecimiento bien gestionado es el que impulsa no solo la facturación, sino también la sostenibilidad a largo plazo. Con estas recomendaciones, estarás mejor preparado para enfrentar los desafíos del crecimiento con confianza.

Consejos y Recomendaciones
1. **Evalúa tu capacidad antes de expandir:** Asegúrate de que tu empresa pueda manejar el crecimiento sin comprometer la calidad o los recursos.
2. **Diversifica tus inversiones:** No pongas todos los recursos en una sola área. Diversificar te protege frente a posibles contratiempos en el mercado.
3. **Usa tecnología para escalar:** La automatización y las soluciones tecnológicas pueden ayudarte a escalar sin aumentar significativamente los costos operativos.

Con los consejos en mente, es el momento de llevar todo lo aprendido a la práctica con ejercicios aplicados. Estos ejercicios están diseñados para que puedas adaptar las estrategias de inversión y crecimiento a la realidad de tu empresa. A medida que trabajes en ellos, tendrás la oportunidad de evaluar tus opciones de inversión, planificar la escalabilidad de tu negocio y ajustar tu visión a las necesidades actuales. Porque la teoría es solo el comienzo; lo que realmente importa es cómo la aplicas en tu propia situación para generar resultados tangibles.

Ejercicios Aplicados
1. **Desarrolla un plan de reinversión:** Analiza las áreas donde tu empresa puede beneficiarse de la reinversión y crea un plan para destinar una parte de las utilidades a ello.
2. **Identifica los KPIs de tu crecimiento:** Selecciona los indicadores clave que mejor representen el éxito de tu expansión.
3. **Realiza un análisis de riesgo:** Evalúa los riesgos asociados con la expansión de tu negocio y elabora estrategias para mitigarlos.

Una vez que hayas trabajado en los ejercicios, es momento de aprender algunos trucos prácticos que te ayudarán a optimizar tus estrategias de inversión y expansión. En esta sección, encontrarás tips rápidos y efectivos para maximizar el retorno de tus inversiones y asegurarte de que el crecimiento de tu negocio sea fluido y escalable. Estos trucos te permitirán evitar errores comunes y te ayudarán a mantener el enfoque en lo que realmente importa: hacer crecer tu empresa de manera inteligente y controlada.

Tips y Trucos

- **Mantén un flujo de caja sólido:** Asegúrate de que tu expansión no comprometa el flujo de caja de tu negocio. Crecer sin suficiente liquidez es una de las principales causas de quiebra.

- **Investiga antes de expandir:** Realiza estudios de mercado exhaustivos antes de lanzarte a nuevos mercados o productos. El conocimiento es clave para una expansión exitosa.

Finalmente, si deseas seguir profundizando en el mundo de la inversión y el crecimiento empresarial, aquí te dejamos una lista de recursos adicionales que te serán de gran utilidad. Estos materiales incluyen desde libros hasta herramientas prácticas que te ayudarán a tomar decisiones más informadas y mejorar tus estrategias de inversión. El aprendizaje no termina aquí; con estos recursos, podrás seguir perfeccionando tus habilidades para asegurar que cada paso que des en la expansión de tu negocio esté respaldado por una base sólida de conocimiento. ¡El crecimiento es solo el principio, y estos recursos te ayudarán a continuar avanzando!

Recursos Adicionales

- **Libros recomendados:** "Scaling Up" de Verne Harnish, "El dilema del innovador" de Clayton Christensen.

- **Cursos online:** "Business Scaling Strategies" en edX, "Investment and Growth" en Coursera.

Inteligencia Financiera

Con el crecimiento vienen nuevas oportunidades, pero también nuevos riesgos. Y aquí es donde entra en juego la gestión de riesgos financieros. No se trata solo de evitar pérdidas, sino de preparar tu empresa para lo inesperado, asegurando que esté protegida ante cualquier eventualidad. En este próximo capítulo, aprenderás a identificar posibles riesgos financieros y a implementar estrategias para mitigarlos, desde coberturas hasta diversificación. Porque en el mundo de los negocios, anticipar y gestionar el riesgo no es una opción, es una necesidad para garantizar que tu crecimiento no se vea afectado por sorpresas indeseadas.

"La mejor inversión que puedes hacer es en ti mismo." – **Warren Buffett**

Capítulo 6

Gestión de Riesgos Financieros

"Prepárate para lo Inesperado"

En un entorno empresarial cada vez más complejo, la **gestión de riesgos financieros** es una disciplina esencial para asegurar la estabilidad y el crecimiento de cualquier empresa. El riesgo es inherente a cualquier negocio, pero identificar y gestionar esos riesgos de manera proactiva puede significar la diferencia entre el éxito y el fracaso. Este capítulo te ayudará a comprender los **riesgos financieros críticos** que pueden afectar tu negocio y te proporcionará estrategias prácticas para **mitigar y gestionar esos riesgos** de manera eficiente.

Identificación de Riesgos Financieros Críticos

La **identificación de riesgos financieros** es un componente esencial en cualquier estrategia de gestión empresarial. Comprender estos riesgos permite a las organizaciones anticipar problemas y desarrollar planes de contingencia que protejan su estabilidad financiera a largo plazo. Los riesgos financieros se pueden dividir en **riesgos internos** y **riesgos externos**, ambos con el potencial de afectar significativamente las operaciones y el rendimiento financiero de la empresa.

1. Riesgos Internos

Los **riesgos internos** son aquellos que se originan dentro de la propia organización y, por tanto, están bajo su control directo. Si no se gestionan de manera adecuada, estos riesgos pueden conducir a problemas graves, afectando la liquidez, la eficiencia operativa y la capacidad de la empresa para cumplir con sus obligaciones financieras.

Principales riesgos internos:

- **Riesgo de liquidez:** Este tipo de riesgo surge cuando una empresa no tiene suficiente **efectivo** disponible para cubrir sus obligaciones financieras a corto plazo, como pagos a proveedores, salarios y otros compromisos esenciales. De acuerdo con Brigham y Houston (2021), la falta de liquidez es una de las principales razones por las que muchas empresas enfrentan dificultades financieras. Si una organización no puede obtener liquidez rápidamente, corre el riesgo de incumplir sus obligaciones, lo que puede llevar a multas, pérdida de confianza por parte de los socios comerciales y, en casos extremos, a la insolvencia.

- **Riesgo operativo:** Los **fallos en los procesos operativos** pueden generar costos adicionales e ineficiencias que afectan el flujo de caja. Estos problemas pueden incluir interrupciones en la cadena de suministro, errores de producción, problemas con el cumplimiento normativo o fallos en los sistemas tecnológicos. Un ejemplo clásico de riesgo operativo es cuando un proveedor clave no puede entregar los insumos necesarios, lo que detiene la producción y provoca pérdidas de ingresos. Ahmed (2018) destaca que la implementación de **procesos automatizados** y la mejora de la **gestión de riesgos operativos** puede mitigar significativamente este tipo de problemas.

- **Riesgo de crédito:** Este riesgo se presenta cuando los **clientes** no cumplen con sus obligaciones de pago a tiempo, lo que afecta directamente el **flujo de caja** de la empresa. Un retraso en los pagos puede obstaculizar la capacidad de la empresa para financiar sus operaciones diarias o pagar a sus propios proveedores. Para mitigar este riesgo, las empresas deben realizar evaluaciones rigurosas de la solvencia de sus clientes y establecer términos de crédito más estrictos para aquellos con **historiales de pago** cuestionables. Implementar políticas claras de cobranza y monitorear las cuentas por cobrar son medidas cruciales para gestionar este riesgo de manera efectiva.

- **Riesgo de control interno:** La **falta de controles financieros sólidos** puede conducir a errores contables, fraudes o malversación de fondos. Estos problemas no solo distorsionan la realidad financiera de la empresa, sino que también pueden dañar gravemente su **reputación** y confianza entre los inversores y socios. Las empresas deben implementar sistemas robustos de **auditoría interna** y **controles financieros** para garantizar la transparencia y la precisión en los informes financieros. Según Fernandes et al. (2014), un buen sistema de control interno puede prevenir fraudes y mejorar la **eficiencia operativa**.

2. Riesgos Externos

Los **riesgos externos** son aquellos que se generan fuera del control directo de la empresa, pero que pueden tener un impacto significativo en su estabilidad financiera. Estos riesgos suelen estar vinculados a factores macroeconómicos, fluctuaciones del mercado y eventos impredecibles. A pesar de ser más difíciles de gestionar, es crucial que las empresas desarrollen **estrategias de mitigación** para reducir su exposición a estos riesgos.

Principales riesgos externos:

- **Riesgo de mercado:** Este tipo de riesgo está relacionado con los **cambios en las condiciones del mercado** que afectan la demanda de los productos o servicios de una empresa. Factores como una recesión económica, la competencia o fluctuaciones en los precios de los insumos pueden impactar los ingresos y la rentabilidad de una empresa. Por ejemplo, en tiempos de **crisis económica**, el **poder adquisitivo** de los consumidores puede disminuir, afectando directamente las ventas. Las empresas pueden mitigar este riesgo diversificando su oferta de productos o servicios y adaptándose a las nuevas condiciones del mercado de manera ágil.

- **Riesgo cambiario:** Las empresas que operan en mercados internacionales están expuestas al **riesgo de fluctuaciones en los tipos de cambio**. Este riesgo se presenta cuando las divisas fluctúan, lo que puede afectar negativamente los costos de importación o los ingresos generados en moneda extranjera. Para empresas que tienen proveedores o clientes en el extranjero, una devaluación de la moneda local puede aumentar los costos de los insumos, mientras que una revaluación puede reducir los ingresos provenientes de exportaciones. Según Ahmed (2018), la **cobertura cambiaria** a través de contratos de futuros y derivados es una estrategia común para gestionar este riesgo y proteger los márgenes de ganancia.

- **Riesgo regulatorio:** Los cambios en **leyes o regulaciones** pueden aumentar los costos operativos o limitar la capacidad de una empresa para operar en ciertos mercados. Esto incluye cambios en las **políticas fiscales**, normativas laborales o **leyes medioambientales**. Por ejemplo, un cambio en la legislación que imponga **impuestos más altos** sobre ciertos productos puede reducir la rentabilidad de una empresa. Es fundamental que las empresas mantengan un monitoreo continuo de los **cambios regulatorios** en los países donde operan y desarrollen **estrategias de cumplimiento** para evitar sanciones o interrupciones en sus operaciones.

- **Riesgo climático y de desastres naturales:** Los eventos climáticos extremos, como huracanes, inundaciones o incendios, pueden tener un impacto devastador en la infraestructura y las operaciones de una empresa. Estos eventos no solo interrumpen la producción y el transporte, sino que también pueden destruir activos clave. Las empresas que operan en áreas vulnerables deben desarrollar planes de contingencia y asegurarse de que cuenten con **seguros**

adecuados para mitigar el impacto financiero de estos eventos. Además, la **inversión en tecnologías sostenibles** y la adopción de prácticas de **gestión de riesgos climáticos** se están convirtiendo en enfoques cada vez más importantes para reducir la vulnerabilidad a los desastres naturales.

En resumen, la identificación y el manejo efectivo de los riesgos financieros, tanto internos como externos, son fundamentales para la **salud financiera** y la **resiliencia a largo plazo** de una empresa. Implementar **controles sólidos** y estar preparado para **mitigar los riesgos externos** a través de estrategias financieras adecuadas puede marcar la diferencia en la capacidad de una organización para navegar por entornos inciertos y desafiantes.

Conocer los riesgos financieros que tu empresa puede enfrentar es solo el primer paso para proteger su estabilidad. Una vez que los hayas identificado, la clave está en aprender a mitigarlos y manejarlos de manera efectiva. En la próxima sección, exploraremos estrategias para reducir el impacto de estos riesgos, desde la diversificación de ingresos hasta el uso de seguros y contratos. La capacidad de anticipar y prepararte para lo inesperado es lo que mantendrá tu negocio a flote cuando surjan desafíos imprevistos. Aquí es donde convertirás los problemas potenciales en oportunidades para fortalecer tu operación.

Cómo Mitigar y Manejar los Riesgos con Eficiencia

Una vez identificados los riesgos financieros, es crucial implementar **estrategias de mitigación** que permitan manejar su impacto de manera eficiente. La capacidad de una empresa para anticiparse a los riesgos y reaccionar adecuadamente ante eventos adversos es fundamental para su **resiliencia** y **estabilidad financiera** a largo plazo. A continuación, se detallan las principales técnicas para gestionar los riesgos financieros de manera eficaz.

1. Planes de Contingencia

Los **planes de contingencia** son estrategias clave que permiten a las empresas prepararse para eventos inesperados que podrían poner en peligro sus operaciones y estabilidad financiera. Estos planes ayudan a minimizar el impacto de las crisis y aseguran que la organización pueda **reaccionar rápidamente** para mitigar las consecuencias negativas.

Elementos clave para desarrollar un plan de contingencia:

- **Identificar riesgos prioritarios:** No todos los riesgos requieren el mismo nivel de preparación. Es esencial realizar un análisis exhaustivo para **priorizar** aquellos riesgos que tienen el potencial de causar el mayor impacto en la empresa, como los riesgos de liquidez, operativos o de crédito. Según Brigham y Houston

(2021), identificar los riesgos con mayor probabilidad y gravedad es el primer paso hacia una mitigación efectiva.

- **Asignar responsabilidades:** Cada área de la empresa debe tener **responsables claros** que estén encargados de ejecutar el plan de contingencia cuando se presente un evento adverso. Esto asegura una **respuesta coordinada** y reduce el tiempo de reacción ante una crisis.

- **Crear escenarios alternativos:** Es importante desarrollar **diferentes escenarios** para cada riesgo identificado, como una caída en los ingresos, la pérdida de un cliente clave o un desastre natural. Tener múltiples planes de acción permite a la empresa adaptarse rápidamente a las circunstancias y tomar decisiones informadas, minimizando las pérdidas financieras.

- **Probar y revisar los planes:** Los planes de contingencia deben **revisarse y actualizarse regularmente** para asegurarse de que sigan siendo relevantes y efectivos. Las pruebas periódicas, como simulaciones o ejercicios de crisis, permiten detectar posibles fallos en la planificación y ajustar las estrategias para mantenerlas actualizadas ante nuevos riesgos.

2. Diversificación

La **diversificación** es una estrategia clásica de gestión de riesgos que consiste en reducir la **dependencia** de una sola fuente de ingresos, mercado o proveedor, lo que ayuda a mitigar el impacto de crisis específicas en el negocio. Diversificar permite a las empresas estar mejor preparadas para enfrentar **fluctuaciones económicas** o interrupciones en la cadena de suministro.

Formas de diversificación:

- **Diversificación de productos o servicios:** Al ampliar la gama de productos o servicios que la empresa ofrece, se reduce la dependencia de un solo mercado. Por ejemplo, si la demanda de un producto específico cae, otros productos pueden compensar la caída de ingresos. Según Fernandes et al. (2014), las empresas que diversifican su oferta tienen una mayor capacidad de adaptarse a los cambios del mercado y mantener su estabilidad financiera.

- **Diversificación geográfica:** Expandir las operaciones a **múltiples mercados geográficos** protege a la empresa de fluctuaciones regionales en la demanda o de crisis económicas locales. Esto también permite aprovechar las **oportunidades de crecimiento** en diferentes áreas, reduciendo el impacto de problemas económicos en un solo territorio.

- **Diversificación de proveedores:** Trabajar con **varios proveedores** para los insumos críticos reduce el riesgo de interrupciones en la cadena de suministro. Si un proveedor falla, la empresa no queda vulnerable a una interrupción completa en la producción o a un aumento de costos por depender de un único proveedor. Ahmed (2018) destaca que una estrategia de diversificación de proveedores también permite a las empresas **negociar mejores condiciones** al no depender de un solo proveedor.

3. Seguros Empresariales

El uso de **seguros empresariales** es una de las formas más eficaces de **transferir riesgos** financieros a terceros, mitigando el impacto que ciertos eventos adversos pueden tener en la empresa. Los seguros no eliminan el riesgo, pero proporcionan una **protección financiera** que ayuda a reducir las pérdidas en caso de eventos imprevistos.

Tipos de seguros clave:

- **Seguro de responsabilidad civil:** Protege a la empresa en caso de **demandas legales** por daños a terceros o negligencias. Esto es especialmente relevante en sectores donde las reclamaciones legales pueden ser comunes, como la construcción o el sector de servicios profesionales.

- **Seguro de propiedad:** Cubre los daños a los **activos físicos** de la empresa, como edificios, maquinaria o inventarios, en caso de desastres naturales, incendios o vandalismo. Este tipo de seguro garantiza que la empresa pueda recuperar o reemplazar sus activos sin incurrir en grandes pérdidas financieras.

- **Seguro de interrupción del negocio:** Este tipo de seguro es crucial para cubrir las **pérdidas financieras** que una empresa sufra si debe suspender temporalmente sus operaciones debido a eventos imprevistos como desastres naturales o incendios. Brigham y Houston (2021) señalan que el seguro de interrupción del negocio es esencial para mantener la estabilidad financiera durante períodos de inactividad forzada.
- **Seguro de crédito:** Protege a la empresa en caso de que un cliente importante no cumpla con sus obligaciones de pago. Esto es especialmente útil para empresas que otorgan **créditos comerciales** a sus clientes y quieren asegurarse de que el riesgo de impago no afecte gravemente su flujo de caja.

4. Gestión del Flujo de Caja

Una **gestión efectiva del flujo de caja** es esencial para mitigar riesgos financieros y garantizar que la empresa pueda **mantener operaciones** incluso en tiempos de incertidumbre. El flujo de caja adecuado asegura que la empresa tenga los recursos necesarios para enfrentar sus obligaciones financieras y cubrir los gastos operativos.

Estrategias para una gestión eficiente del flujo de caja:

- **Reservas de efectivo:** Mantener un **fondo de emergencia** que cubra al menos tres meses de gastos operativos es una de las medidas más importantes para garantizar que la empresa pueda continuar operando en momentos de crisis. Estas reservas proporcionan una red de seguridad en caso de una caída repentina de los ingresos o una interrupción inesperada de las operaciones.

- **Optimización de cuentas por cobrar:** Implementar políticas estrictas de **cobro** puede ayudar a evitar problemas de liquidez derivados de pagos atrasados. Esto incluye la automatización de los procesos de facturación, establecer plazos de pago más cortos y ofrecer incentivos para los pagos anticipados. Según Fernandes et al. (2014), mejorar la **gestión de cuentas por cobrar** es una de las maneras más efectivas de mejorar el flujo de caja y reducir la exposición al riesgo de crédito.

- Negociación con proveedores: Es fundamental **negociar plazos de pago más largos** con los proveedores y obtener condiciones de crédito favorables. Esto permite a la empresa mantener su **efectivo disponible** durante más tiempo, lo que mejora su liquidez. Además, las empresas deben establecer relaciones sólidas con sus proveedores para tener **mayor flexibilidad** en tiempos de crisis, lo que les permite ajustar los pagos sin afectar la relación comercial.

En conclusión, mitigar y manejar los riesgos financieros de manera eficiente requiere una combinación de **previsión**, **preparación estratégica** y **gestión proactiva**. Las herramientas como los planes de contingencia, la diversificación, los seguros empresariales y la gestión adecuada del flujo de caja son clave para garantizar la **resiliencia financiera** y la **estabilidad operativa** de una empresa frente a los desafíos y crisis imprevistos.

Tras aprender cómo mitigar los riesgos financieros, es momento de ver cómo estos principios se aplican en la realidad. En esta sección, te proporcionaremos ejemplos prácticos de empresas que enfrentaron riesgos críticos y cómo implementaron medidas de mitigación para superarlos. Estos ejemplos ilustrarán cómo la correcta preparación y las estrategias adecuadas pueden reducir significativamente el impacto de los problemas financieros. Porque lo más importante no es evitar todos los riesgos, sino saber cómo gestionarlos cuando inevitablemente aparezcan.

Ejemplos Prácticos

La implementación de estrategias para mitigar riesgos financieros es esencial para garantizar la estabilidad y el crecimiento de las empresas. A continuación, se presentan dos ejemplos prácticos que ilustran cómo diferentes compañías han gestionado sus riesgos financieros, específicamente en cuanto a la **gestión del riesgo de liquidez** y la **diversificación geográfica**.

Ejemplo 1: Gestión del Riesgo de Liquidez

Una empresa de **manufactura** enfrentaba dificultades recurrentes en la gestión de su liquidez, lo que afectaba su capacidad para operar de manera eficiente. Estos problemas se debían, en gran parte, a una **falta de reservas de efectivo** y a la **demora en los pagos** por parte de sus clientes. Esta situación había generado un **déficit de efectivo** que impedía a la empresa cubrir sus gastos operativos a tiempo, lo que provocaba tensiones en sus relaciones con los proveedores y en la satisfacción de sus empleados.

Implementación de Soluciones:

Para solucionar estos problemas, la empresa decidió implementar una serie de medidas para **mejorar su flujo de caja** y reducir el riesgo de liquidez. Las estrategias incluyeron:

- **Sistema de facturación más eficiente:** La empresa automatizó su proceso de facturación, lo que permitió emitir facturas inmediatamente después de la entrega de los productos. Esto redujo significativamente los tiempos de espera entre la finalización de un proyecto y el inicio del proceso de cobro, mejorando la entrada de efectivo. Según Fernandes et al. (2014), la **automatización de procesos financieros** es una de las formas más efectivas de mejorar la **eficiencia en la gestión del efectivo**.

- **Reducción de plazos de cobro:** La empresa también revisó sus **términos de pago** y redujo los plazos de cobro ofrecidos a los clientes. Se incentivó a los clientes a realizar pagos anticipados mediante la implementación de **descuentos** por pronto pago. De acuerdo con Brigham y Houston (2021), este tipo de incentivos puede acelerar significativamente la recuperación de cuentas por cobrar, mejorando la **liquidez**.

- **Negociación con proveedores:** La empresa renegoció sus **condiciones de pago** con los proveedores clave, consiguiendo **plazos de pago más largos**. Esto permitió que la empresa mantuviera efectivo disponible por más tiempo y evitara una crisis de liquidez. Ahmed (2018) señala que la **flexibilidad en los plazos de pago** con los proveedores es crucial para equilibrar el flujo de caja, especialmente en industrias con ciclos largos de producción y venta.

Resultados Obtenidos:

Como resultado de estas medidas, la empresa logró mejorar significativamente su **flujo de caja** y redujo el riesgo de liquidez. La **implementación de un sistema de facturación automatizado** y la optimización de las políticas de cobro no solo aumentaron la eficiencia operativa, sino que también permitieron a la empresa evitar demoras en sus propios pagos, manteniendo relaciones comerciales más sólidas con los proveedores y empleados. Además, al crear una base de liquidez más estable, la empresa pudo reinvertir en sus operaciones y mantener su **producción constante**.

Ejemplo 2: Diversificación Geográfica

Una **empresa de exportación de productos agrícolas** dependía en gran medida del **mercado europeo** para la venta de sus productos. El 90 % de sus ingresos provenía de exportaciones a varios países europeos, lo que la hacía altamente vulnerable a cualquier cambio en la demanda o en las regulaciones de ese mercado. Este riesgo se materializó cuando las **nuevas regulaciones** sobre la importación de ciertos productos agrícolas en Europa redujeron drásticamente la demanda, lo que afectó gravemente los ingresos de la empresa.

Implementación de Soluciones:

Para reducir su dependencia de un solo mercado y minimizar el impacto de futuras fluctuaciones en la demanda, la empresa optó por implementar una estrategia de **diversificación geográfica**. Esta estrategia incluyó:

- **Expansión hacia nuevos mercados:** La empresa decidió **expandirse** hacia **Asia** y **América Latina**, donde identificaron oportunidades de crecimiento debido al aumento en la demanda de productos agrícolas de alta calidad. Para ello, realizaron un exhaustivo **análisis de mercado** para evaluar la viabilidad de sus productos en estos nuevos territorios, identificando los países con mayor potencial de consumo y regulaciones favorables para la importación de productos agrícolas.

- **Alianzas estratégicas locales:** Para facilitar su entrada en estos nuevos mercados, la empresa estableció **alianzas estratégicas** con distribuidores locales que ya contaban con la infraestructura y el conocimiento del mercado necesario para asegurar una transición fluida. Estas alianzas ayudaron a reducir los costos iniciales de entrada y minimizar los riesgos asociados con la falta de conocimiento sobre los nuevos mercados. Según Brigham y Houston (2021), la **colaboración con socios locales** es una estrategia efectiva para mitigar los riesgos inherentes a la expansión internacional.

- **Diversificación de la oferta:** Además de expandirse geográficamente, la empresa también diversificó su oferta de productos para adaptarse a las **preferencias de los consumidores** en Asia y América Latina. Esto incluyó modificaciones en el empaquetado y la presentación del producto, así como la introducción de variedades adaptadas a los gustos locales. Ahmed (2018) enfatiza que la capacidad de adaptar los productos a los **mercados locales** es esencial para el éxito de las estrategias de diversificación.

Resultados Obtenidos:

Gracias a su estrategia de **diversificación geográfica**, la empresa logró reducir significativamente su **dependencia del mercado europeo**. En el transcurso de dos años, las ventas en Asia y América Latina representaron el 40 % de sus ingresos totales, lo que les permitió compensar la caída de la demanda en Europa y aumentar sus **márgenes de ganancia** al aprovechar economías de escala y nuevos canales de distribución.

Además, la empresa mejoró su **resiliencia frente a cambios regulatorios** y fluctuaciones del mercado al diversificar su base de clientes y reducir el riesgo asociado a depender de un solo territorio.

Después de examinar ejemplos prácticos, profundizaremos en estudios de caso reales donde las empresas enfrentaron graves riesgos financieros y lograron superarlos con éxito. Estos casos te mostrarán cómo los líderes empresariales identificaron amenazas clave y respondieron con rapidez y eficiencia. Verás cómo estrategias inteligentes, junto con una preparación adecuada, permitieron a estas organizaciones no solo sobrevivir a las crisis, sino también emerger más fuertes y resilientes. Estos estudios de caso te darán la inspiración y las lecciones necesarias para aplicar a tu propio negocio.

Estudios de Caso Reales

La gestión eficiente de riesgos financieros y operativos es fundamental para la **resiliencia** y el éxito a largo plazo de una empresa. Los ejemplos de **Toyota** y **BP** muestran cómo dos empresas globales enfrentaron riesgos operativos y desastres ambientales de manera muy diferente, con importantes lecciones sobre la **gestión de riesgos**, la **preparación** y la **mitigación de impacto**.

Estudio de Caso 1: Toyota y el Riesgo Operativo

En 2011, **Toyota**, uno de los mayores fabricantes de automóviles del mundo, se enfrentó a una interrupción masiva en su cadena de suministro debido al **terremoto** y posterior **tsunami** que devastaron gran parte de Japón. La producción en varias de sus plantas quedó paralizada temporalmente debido a la **destrucción de infraestructuras** y la **escasez de componentes** clave que provenían de proveedores afectados por el desastre natural. Sin embargo, Toyota pudo **minimizar el impacto** en sus operaciones gracias a una **gestión proactiva de riesgos operativos** y la implementación de un plan de contingencia robusto.

Estrategia de Gestión del Riesgo Operativo:

Antes del desastre, Toyota ya había desarrollado una sólida estrategia para mitigar los **riesgos operativos** derivados de interrupciones en la cadena de suministro. Entre las principales medidas implementadas por la empresa se incluyen:

- **Diversificación de proveedores:** Toyota había desarrollado relaciones con **múltiples proveedores** en diferentes regiones del mundo, lo que permitió distribuir el riesgo de depender exclusivamente de un único proveedor o de una ubicación geográfica. Según Ahmed (2018), la diversificación de la cadena de suministro es esencial para evitar parálisis en la producción durante crisis imprevistas. Al tener proveedores ubicados fuera de Japón, Toyota pudo obtener componentes esenciales de otras fuentes y reanudar la producción más rápidamente que muchas otras empresas afectadas.

- **Localización de partes críticas:** En lugar de depender únicamente de proveedores en Japón, Toyota había comenzado a **localizar la producción de componentes clave** en diversas regiones. Esto redujo su exposición a los desastres naturales que afectaron a Japón en 2011 y facilitó una **recuperación más rápida** en otras plantas ubicadas fuera del país. La capacidad de transferir operaciones de producción a plantas en otras regiones permitió a Toyota continuar fabricando vehículos y mantener la **estabilidad** en sus operaciones globales.

- **Sistema de producción Just-in-Time (JIT) adaptado:** Aunque el sistema **Just-in-Time** de Toyota, que minimiza el inventario almacenado, fue inicialmente vulnerable ante interrupciones imprevistas, la empresa introdujo ajustes que incluyeron **mayores reservas** de componentes críticos. Este cambio en la estrategia permitió que las plantas continuaran operando durante el periodo de recuperación inicial, minimizando el tiempo de inactividad.

Resultados de la Estrategia de Mitigación:

Gracias a estas medidas de **gestión de riesgos** y a un plan de contingencia bien estructurado, Toyota pudo retomar la producción en un plazo mucho más corto en comparación con otras empresas automotrices que también fueron afectadas por el desastre natural. De acuerdo con Brigham y Houston (2021), la preparación proactiva para enfrentar interrupciones en la cadena de suministro es un elemento clave para mantener la competitividad en un entorno global incierto.

Este enfoque de Toyota no solo protegió su posición en el mercado durante la crisis, sino que también reforzó su reputación como una empresa **resiliente** y capaz de adaptarse a circunstancias adversas de manera eficiente. La capacidad de reanudar sus operaciones antes que la mayoría de sus competidores le permitió mantener su **cuota de mercado** y continuar innovando en sus procesos operativos, a pesar del impacto devastador del desastre natural.

Estudio de Caso 2: BP y el Riesgo de Desastres Ambientales

En 2010, **BP**, una de las mayores compañías petroleras del mundo, enfrentó uno de los mayores **desastres ambientales** de la historia: el **derrame de petróleo en el Golfo de México**, que resultó en la liberación de millones de barriles de petróleo en el océano. Este evento no solo tuvo consecuencias catastróficas para el **medio ambiente** y la **vida marina**, sino que también representó un desastre financiero para BP, que enfrentó **miles de millones de dólares en multas**, indemnizaciones y pérdidas de ingresos. Además, la empresa sufrió un daño masivo a su **reputación** a nivel global.

Estrategia Deficiente de Gestión de Riesgos:

A pesar de la magnitud de sus operaciones, BP no contaba con un plan de contingencia lo suficientemente robusto para gestionar adecuadamente el riesgo asociado a un desastre de esta escala. Entre las fallas clave en la gestión de riesgos de BP se incluyen:

- **Falta de preparación para el riesgo ambiental:** Aunque BP tenía procedimientos de emergencia, estos no estaban diseñados para hacer frente a un derrame de la magnitud del ocurrido en el Golfo de México. Según Fernandes et al. (2014), una **evaluación exhaustiva de riesgos ambientales** es crucial para empresas que operan en sectores como el energético, donde los accidentes industriales pueden tener consecuencias desastrosas. En el caso de BP, la falta de preparación dejó a la empresa vulnerable ante las **complicaciones técnicas** que prolongaron la fuga durante meses.

- **Insuficientes medidas de seguridad y mantenimiento:** La investigación posterior reveló que el desastre pudo haberse evitado si BP hubiera seguido **protocolos más estrictos de seguridad y mantenimiento**. La falta de inversión adecuada en tecnología de prevención y detección de fallos contribuyó a la magnitud del derrame. Ahmed (2018) destaca que, en sectores de alto riesgo, la inversión en **tecnología avanzada** y sistemas de seguridad robustos es esencial para mitigar la probabilidad de incidentes catastróficos.

- **Falta de seguros adecuados:** Si bien BP contaba con seguros, estos no eran suficientes para cubrir la magnitud del desastre. La empresa tuvo que asumir **miles de millones de dólares** en costos directos e indirectos, lo que incluyó multas gubernamentales, indemnizaciones a comunidades afectadas y gastos de limpieza. Brigham y Houston (2021) subrayan la importancia de contar con **seguros de responsabilidad civil** lo suficientemente amplios para proteger a la empresa de eventos de gran magnitud como este, especialmente en industrias expuestas a riesgos ambientales significativos.

Consecuencias Financieras y Reputacionales:

Las consecuencias del desastre fueron devastadoras para BP tanto desde un punto de vista financiero como reputacional. La empresa fue responsable de pagar más de **$20 mil millones** en multas y compensaciones, además de ver una caída significativa en el valor de sus acciones. Su **reputación global** se deterioró gravemente, lo que afectó la confianza de los inversores y consumidores. BP tardó años en recuperarse del impacto del derrame y todavía lucha por reconstruir su reputación.

Este caso subraya la **importancia de contar con seguros adecuados** para cubrir las posibles consecuencias de desastres ambientales y con **planes de contingencia** que aborden eventos de gran magnitud. Si bien BP ha tomado medidas posteriores para mejorar su enfoque de gestión de riesgos, el impacto financiero y reputacional de este desastre sigue siendo una de las mayores advertencias sobre la falta de preparación para riesgos ambientales en el sector energético.

Al revisar los estudios de caso y ejemplos prácticos, es evidente que la gestión efectiva de riesgos financieros no es solo una opción, sino una necesidad para cualquier negocio que quiera prosperar a largo plazo. En las conclusiones de este capítulo, recapitularemos las ideas clave sobre cómo identificar, mitigar y manejar los riesgos con inteligencia. Te darás cuenta de que estar preparado para lo inesperado no solo protege tu empresa de las pérdidas, sino que también te da la flexibilidad para adaptarte y evolucionar frente a cualquier desafío. El éxito no se trata solo de aprovechar oportunidades, sino de estar listo cuando surgen las dificultades.

Conclusiones del Capítulo

La **gestión de riesgos financieros** es un componente fundamental de cualquier estrategia empresarial y, a menudo, marca la diferencia entre el éxito a largo plazo y el fracaso. En un entorno empresarial cada vez más dinámico y lleno de incertidumbres, las empresas enfrentan una variedad de riesgos financieros que pueden provenir de factores tanto internos como externos. Ignorar estos riesgos puede dejar a las organizaciones vulnerables ante situaciones imprevistas que podrían afectar negativamente su rentabilidad, liquidez e incluso su capacidad para operar. Por ello, la **identificación proactiva de los riesgos** es esencial, ya que permite a las empresas anticiparse a posibles problemas y tomar medidas para reducir o mitigar su impacto.

Inteligencia Financiera

Uno de los primeros pasos en la gestión de riesgos financieros es **identificar los riesgos**. Estos pueden variar desde riesgos internos, como problemas de liquidez, fallos en los sistemas operativos o errores en la gestión del capital, hasta riesgos externos, como fluctuaciones en los mercados financieros, cambios en las tasas de interés, inestabilidad política o desastres naturales. Al realizar un análisis exhaustivo de los riesgos potenciales que enfrenta la empresa, los líderes pueden desarrollar una comprensión clara de las áreas más vulnerables y comenzar a diseñar estrategias para abordarlas. Este proceso de identificación no solo ayuda a preparar a la empresa para lo inesperado, sino que también proporciona una base sólida para la toma de decisiones informadas y estratégicas.

Una vez que los riesgos han sido identificados, las empresas deben **tomar decisiones proactivas** para minimizarlos. La clave para una gestión de riesgos efectiva es la proactividad, no la reactividad. En lugar de esperar a que ocurra una crisis, las empresas deben adoptar una mentalidad preventiva, implementando políticas y procedimientos que las ayuden a estar preparadas para situaciones adversas. Esto puede incluir la creación de **fondos de reserva**, la contratación de expertos en gestión financiera o el desarrollo de planes de contingencia. La planificación anticipada reduce la posibilidad de tomar decisiones apresuradas en momentos de crisis, lo que puede agravar los problemas financieros. Una empresa que ha considerado previamente los posibles riesgos financieros y ha diseñado una estrategia para enfrentarlos estará en una posición mucho más fuerte para superar cualquier desafío inesperado.

Inteligencia Financiera

Una de las herramientas más comunes y efectivas para gestionar el riesgo financiero es el **uso de seguros**. Los seguros pueden ayudar a las empresas a protegerse contra una variedad de riesgos, desde desastres naturales hasta interrupciones comerciales, accidentes o pérdidas significativas de activos. Al transferir ciertos riesgos a una compañía aseguradora, las empresas pueden mitigar el impacto financiero que estos eventos podrían tener sobre sus operaciones. Aunque los seguros representan un costo recurrente, su valor reside en la tranquilidad que proporcionan y en la protección contra grandes pérdidas que podrían desestabilizar a la empresa. Invertir en seguros adecuados es una parte integral de cualquier plan de gestión de riesgos y puede ser la diferencia entre una rápida recuperación o el colapso en tiempos de crisis.

Otra estrategia clave para mitigar los riesgos financieros es la **diversificación**. Esto implica no poner todos los recursos de la empresa en una sola área o mercado, sino distribuirlos a través de diversas líneas de productos, servicios, sectores o regiones geográficas. La diversificación reduce la exposición al riesgo, ya que si una parte del negocio enfrenta dificultades, las otras áreas pueden compensar las pérdidas. Por ejemplo, una empresa que depende de un único cliente o proveedor corre el riesgo de sufrir un gran impacto si esa relación comercial falla. Diversificar las fuentes de ingresos, clientes y proveedores no solo reduce este riesgo, sino que también abre oportunidades para el crecimiento y la estabilidad a largo plazo. La diversificación financiera, como invertir en diferentes tipos de activos o instrumentos, también puede proteger a la empresa de las fluctuaciones en los mercados financieros.

Inteligencia Financiera

La **gestión adecuada del flujo de caja** es igualmente crucial en la gestión de riesgos financieros. Un flujo de caja positivo asegura que la empresa tenga suficiente liquidez para cubrir sus obligaciones, incluso en tiempos de incertidumbre o en momentos en que los ingresos puedan disminuir. Las empresas que gestionan bien su flujo de caja son capaces de responder más rápidamente a cambios inesperados en el entorno económico, como recesiones o crisis financieras. Esto puede implicar ajustar las políticas de cobro para acelerar los pagos de los clientes, renegociar los plazos de pago con los proveedores o incluso buscar fuentes de financiamiento a corto plazo para cubrir brechas temporales en el efectivo. Mantener un flujo de caja saludable es esencial para garantizar la estabilidad operativa de la empresa y evitar problemas financieros graves que puedan surgir debido a la falta de liquidez.

En resumen, la **gestión de riesgos financieros** es un aspecto esencial de la estrategia empresarial que no debe pasarse por alto. La identificación proactiva de los riesgos, tanto internos como externos, permite a las empresas prepararse para lo inesperado y tomar decisiones anticipadas para minimizar las pérdidas. Herramientas como los **seguros**, la **diversificación** y una **gestión adecuada del flujo de caja** son fundamentales para mitigar el impacto de los riesgos financieros y garantizar la estabilidad y el crecimiento sostenido del negocio. Al adoptar un enfoque estructurado y preventivo hacia la gestión de riesgos, las empresas no solo protegen su estabilidad financiera, sino que también fortalecen su capacidad para enfrentar con éxito los desafíos y aprovechar las oportunidades que surgen en un entorno empresarial cada vez más complejo y volátil.

Antes de pasar al siguiente tema, es importante reflexionar sobre algunos consejos prácticos que te ayudarán a implementar una gestión efectiva de riesgos en tu empresa. Aquí te ofreceré recomendaciones sobre cómo establecer procesos preventivos, manejar crisis financieras y mantener la estabilidad de tu negocio ante la incertidumbre. Estos consejos te permitirán anticipar problemas potenciales y tomar medidas proactivas para minimizar su impacto. Recuerda, una buena preparación no solo reduce riesgos, sino que también te permite actuar con confianza en momentos de incertidumbre.

Consejos y Recomendaciones

1. **Identifica tus riesgos clave:** No todos los riesgos son igualmente importantes. Enfócate en aquellos que tengan el mayor impacto potencial en tu negocio.

2. **Actualiza regularmente tus planes de contingencia:** A medida que el negocio crece y las condiciones del mercado cambian, es crucial revisar y ajustar tus planes de contingencia.

3. **Aprovecha los seguros empresariales:** No subestimes el valor de una buena póliza de seguro para proteger tu empresa frente a eventos inesperados.

Con los consejos claros en mente, es el momento de aplicar lo aprendido con ejercicios prácticos que te ayudarán a afinar tu gestión de riesgos financieros. Estos ejercicios te guiarán para identificar riesgos específicos en tu empresa, planificar estrategias de mitigación y asegurarte de que tienes un plan de acción efectivo en caso de crisis. Trabajar en estos ejercicios te permitirá crear una base sólida para gestionar los riesgos de manera más eficiente, dándote la tranquilidad de que, sin importar lo que ocurra, tu empresa estará lista para enfrentarlo.

Ejercicios Aplicados

1. **Crea un plan de contingencia:** Selecciona uno o dos riesgos clave para tu empresa y desarrolla un plan detallado de contingencia para enfrentarlos.

2. **Realiza un análisis de diversificación:** Evalúa en qué áreas tu negocio está más concentrado (mercados, clientes, proveedores) y elabora un plan para diversificar en consecuencia.

3. **Optimiza tu flujo de caja:** Revisa tu sistema de cobros y pagos para asegurarte de que tu empresa tenga suficiente liquidez para enfrentar una crisis financiera.

Después de trabajar en los ejercicios, es hora de descubrir algunos trucos y tips prácticos que te ayudarán a gestionar los riesgos de manera aún más eficaz. En esta sección, te compartiré estrategias sencillas pero poderosas que te permitirán anticipar y manejar problemas financieros sin complicaciones. Estos tips te ayudarán a mejorar la comunicación en tu equipo, mantener la agilidad en tiempos de crisis y garantizar que tu empresa esté siempre un paso adelante cuando se trate de protegerse de lo inesperado. Porque los pequeños detalles en la gestión de riesgos pueden marcar una gran diferencia en el resultado final.

Tips y Trucos

- **Monitorea el entorno económico:** Mantente informado sobre las condiciones del mercado y las regulaciones que podrían afectar tu industria. Esto te permitirá anticipar riesgos externos antes de que ocurran.

- **Involucra a todo el equipo:** La gestión de riesgos no es solo responsabilidad del área financiera. Involucra a los distintos departamentos para identificar riesgos operativos y crear planes de contingencia efectivos.

Finalmente, si deseas seguir perfeccionando tus habilidades en la gestión de riesgos financieros, te dejo algunos recursos adicionales que te serán de gran utilidad. Estos materiales incluyen desde libros especializados hasta herramientas de evaluación de riesgos, que te permitirán seguir aprendiendo y mejorando tu capacidad de respuesta ante desafíos financieros. La gestión de riesgos es un área en constante evolución, y estar siempre informado te dará la ventaja para tomar decisiones más seguras y estratégicas en cualquier situación. ¡El conocimiento es tu mayor aliado cuando se trata de estar preparado para lo inesperado!

Recursos Adicionales

- **Libros recomendados:** "Risk Management in Organizations" de Margaret Woods, "The Black Swan" de Nassim Nicholas Taleb.

- **Cursos online:** "Financial Risk Management" en Coursera, "Risk Management in Business" en Udemy.

Con los riesgos bajo control, el siguiente paso es optimizar lo que ya tienes. En el próximo capítulo, nos enfocaremos en la optimización de costos, un aspecto crucial para mantener la rentabilidad y maximizar las ganancias. Porque no se trata solo de generar más ingresos, sino de hacer que cada dólar cuente. Aquí, explorarás estrategias para reducir costos sin comprometer la calidad y aprenderás a identificar áreas donde puedes mejorar la eficiencia operativa. Al optimizar, tu negocio no solo será más ágil, sino también más rentable.

"El riesgo proviene de no saber lo que estás haciendo." –
Warren Buffett

Inteligencia Financiera

Capítulo 7

Optimización de Costos y Maximización de Ganancias

"Menos Gastos, Más Beneficios"

El éxito financiero de una empresa no solo depende del incremento en los ingresos, sino también de una gestión eficiente de los costos. **Optimizar costos** sin sacrificar la calidad y **maximizar las ganancias** mediante la eficiencia operativa son estrategias fundamentales para lograr un negocio sostenible y rentable. Este capítulo te guiará a través de técnicas comprobadas para reducir los gastos, al tiempo que exploras nuevas formas de aumentar los ingresos, impulsando así tus márgenes de beneficio.

Técnicas para Reducir Costos Sin Perder Calidad

Reducir costos sin comprometer la **calidad** de los productos o servicios es una estrategia clave para mejorar la **rentabilidad** de una empresa. La clave de esta técnica radica en identificar áreas donde se pueden eliminar o reducir gastos innecesarios, optimizando al mismo tiempo la eficiencia operativa. A continuación, se detallan tres enfoques principales para lograr este equilibrio: **análisis de costos**, negociación con proveedores, y **optimización del uso de recursos**.

1. Análisis de Costos

El **análisis de costos** es una herramienta fundamental para entender en detalle la estructura de gastos de una empresa. Al identificar las áreas donde se generan costos innecesarios o ineficientes, es posible realizar ajustes que mantengan la calidad y mejoren la **eficiencia operativa**.

Pasos para un análisis de costos efectivo:

- **Mapear los costos operativos:** El primer paso es realizar un **mapeo exhaustivo** de todos los costos relacionados con la operación de la empresa. Esto incluye **costos de producción, personal, administración, marketing,** y **logística,** entre otros. Este desglose permite visualizar cuáles son las áreas que más impactan en el presupuesto y dónde es posible reducir costos. Según Brigham y Houston (2021), una buena práctica es utilizar sistemas de **contabilidad de costos** que faciliten la asignación correcta de los gastos a cada área funcional.

- **Identificar costos variables y fijos:** Los costos operativos se dividen en **fijos** (aquellos que permanecen constantes, independientemente del nivel de producción) y **variables** (aquellos que fluctúan en función de la producción o ventas). El análisis de esta estructura permite identificar oportunidades para reducir costos en función de la demanda. Por ejemplo, optimizar los **costos variables** en períodos de menor demanda puede generar ahorros sin comprometer la capacidad operativa de la empresa.

- **Evaluar la relación costo-beneficio:** Para cada gasto, es importante analizar si está generando un **valor proporcional** al costo que implica. Por ejemplo, invertir en un software de gestión puede tener un **costo inicial elevado**, pero si este optimiza los procesos y genera ahorros a largo plazo, justifica su inversión. Ahmed (2018) sostiene que el análisis de la **relación costo-beneficio** es esencial para mantener un equilibrio entre el ahorro y la calidad operativa.

2. Negociación Efectiva con Proveedores

La **negociación con proveedores** es una de las tácticas más directas y eficaces para reducir costos sin sacrificar la **calidad de los insumos**. Una negociación efectiva permite a la empresa obtener mejores precios y condiciones sin afectar la relación comercial, siempre que se maneje de manera estratégica.

Estrategias para negociar con proveedores:

- **Compra en volumen:** Si la empresa tiene una demanda constante y predecible, negociar **compras en grandes volúmenes** puede generar **descuentos significativos**. Al comprometerse a comprar en grandes cantidades, el proveedor a menudo está dispuesto a reducir el precio por unidad, lo que beneficia tanto al proveedor como al cliente. Según Fernandes et al. (2014), la compra a granel es una de las mejores maneras de reducir los costos variables sin comprometer la calidad.

- **Reevaluar contratos periódicamente:** Las condiciones del mercado cambian, por lo que es recomendable **revisar periódicamente los contratos** con los proveedores. Negociar nuevos términos basados en las **condiciones actuales del mercado** permite asegurar que la empresa obtenga los **mejores precios disponibles**. Ahmed (2018) recomienda evaluar contratos anualmente y no asumir que las condiciones iniciales seguirán siendo óptimas indefinidamente.

- **Diversificación de proveedores:** Depender de un solo proveedor puede ser costoso y arriesgado. La **diversificación de proveedores** no solo ofrece una mayor **flexibilidad** para negociar mejores precios, sino que también reduce el **riesgo de interrupciones** en la cadena de suministro en caso de problemas con un proveedor. Tener varias fuentes de suministro permite mantener la calidad y obtener condiciones más favorables a lo largo del tiempo.

- **Establecer relaciones a largo plazo:** Los proveedores valoran la **lealtad** y la estabilidad de sus clientes. Ofrecer un compromiso de **relación a largo plazo** puede facilitar la negociación de **mejores precios** o **condiciones**. Según Brigham y Houston (2021), las empresas que establecen asociaciones estratégicas con sus proveedores logran reducir costos sin comprometer la calidad del producto.

3. Optimización del Uso de Recursos

La **optimización de recursos** consiste en maximizar la eficiencia de los **activos y recursos** de una empresa, asegurándose de que cada recurso se utilice de manera óptima. Al hacerlo, no solo se reducen los costos operativos, sino que también se mejora la **eficiencia operativa** en general, lo que contribuye a mantener la calidad del producto o servicio.

Ejemplos de optimización de recursos:

- **Automatización de procesos:** Invertir en **tecnología que automatice tareas repetitivas** es una de las formas más efectivas de reducir costos laborales sin comprometer la calidad. Por ejemplo, la automatización de procesos de manufactura o la gestión automática de inventarios puede reducir la **mano de obra necesaria**, mejorar la precisión y acelerar los tiempos de producción. Según Ahmed (2018), la **automatización** es una de las mejores inversiones para mejorar la **eficiencia operativa** y reducir costos a largo plazo.

- **Optimización energética:** Implementar medidas de ahorro energético es otra manera efectiva de reducir costos sin afectar la calidad de los productos o servicios. Por ejemplo, el uso de **luces LED**, la instalación de **paneles solares** o la mejora en el aislamiento térmico de las instalaciones pueden reducir significativamente los **costos de energía**. Según Brigham y Houston (2021), las empresas que adoptan políticas de **eficiencia energética** no solo ahorran dinero, sino que también mejoran su **responsabilidad social corporativa**, lo que puede ser un diferenciador competitivo.

- **Reducción de desperdicios:** En industrias como la manufactura, reducir los **desperdicios** en el proceso de producción no solo reduce los costos, sino que también mejora la **sostenibilidad** de la empresa. Implementar prácticas de **producción ajustada** (lean manufacturing), que minimizan el desperdicio y optimizan cada etapa del proceso, permite reducir el uso de materiales y recursos sin comprometer la calidad final del producto. Fernandes et al. (2014) subrayan que una **gestión eficiente de los recursos** puede tener un impacto significativo en la reducción de costos, especialmente en industrias de alta producción.

La clave de estas técnicas es mantener un enfoque en la **eficiencia** y el **valor agregado** que se ofrece al cliente. Al reducir costos de manera estratégica y no simplemente recortando gastos, las empresas pueden mejorar su rentabilidad sin comprometer la calidad de sus productos o servicios.

Lograr reducir costos sin comprometer la calidad es un gran avance, pero para maximizar realmente tus ganancias, también necesitas estrategias que impulsen tus ingresos. En la siguiente sección, te enseñaremos cómo hacer que cada cliente y cada venta cuenten más, optimizando tus procesos de ventas y ajustando tus ofertas para atraer más valor. Porque no se trata solo de gastar menos, sino de generar más, sin necesidad de aumentar tus esfuerzos. La combinación de reducción de costos y aumento de ingresos es lo que te llevará a maximizar tus beneficios de manera sostenible y eficaz.

Estrategias para Aumentar tus Ingresos

Después de optimizar los costos, el siguiente paso clave para mejorar los márgenes de beneficio es implementar estrategias que aumenten los **ingresos**. Esto no implica únicamente incrementar el volumen de ventas, sino también encontrar formas innovadoras de **agregar valor** a los productos o servicios ofrecidos. A continuación, se presentan tres enfoques fundamentales: **innovación en productos y servicios**, **mejora de la eficiencia operativa**, y **estrategias de precios**.

1. Innovación en Productos y Servicios

La **innovación** es uno de los motores más importantes para impulsar los ingresos de una empresa. Desarrollar nuevos productos, mejorar los existentes o **personalizar la oferta** puede atraer a nuevos clientes, aumentar la demanda entre los clientes actuales y **justificar precios más altos**. Según Fernandes et al. (2014), las empresas que invierten en innovación tienden a tener una mayor capacidad para adaptarse a las cambiantes necesidades del mercado y mejorar su posición competitiva.

Formas de innovar en tu negocio:

- **Desarrollar nuevos productos:** La creación de **nuevos productos** o servicios puede abrir nuevas oportunidades de mercado y generar ingresos adicionales. Una estrategia efectiva es explorar **áreas complementarias** a tu negocio actual donde puedas introducir soluciones que **resuelvan problemas adicionales** para tus clientes. Por ejemplo, una empresa de tecnología podría diversificarse hacia la venta de servicios de consultoría, aprovechando su conocimiento del sector. Ahmed (2018) sugiere que la diversificación a través de productos complementarios es clave para la expansión de la base de clientes y la fidelización.

- **Mejorar productos existentes:** La mejora continua de los productos o servicios actuales puede aumentar la satisfacción del cliente y fomentar la **lealtad**. Una forma de identificar áreas de mejora es **consultar a los clientes** directamente para conocer sus sugerencias o puntos débiles. Las mejoras en **calidad, funcionalidad** o **servicio al cliente** pueden justificar un **aumento de precios** o incrementar la **frecuencia de compra**. Por ejemplo, actualizar un software con características más avanzadas o mejorar la atención postventa puede tener un impacto significativo en las ventas recurrentes.

- **Personalización de la oferta:** Ofrecer **productos o servicios personalizados** aumenta el valor percibido por el cliente, permitiendo justificar precios más altos. La personalización, como crear productos adaptados a las necesidades específicas de los clientes o brindar opciones personalizables, mejora la **experiencia del cliente** y puede generar mayores ingresos. Según Brigham y Houston (2021), la personalización es una estrategia que no solo agrega valor sino que también fomenta una **conexión emocional** entre el cliente y la marca.

2. Incrementar la Eficiencia Operativa

La **eficiencia operativa** no solo ayuda a reducir costos, sino que también puede contribuir directamente al **aumento de ingresos** al liberar recursos que pueden ser reinvertidos en áreas estratégicas del negocio. Mejorar la eficiencia permite a las empresas **responder más rápido** a la demanda del mercado, lo que se traduce en mayores oportunidades de venta y **mayor satisfacción del cliente**.

Estrategias para mejorar la eficiencia operativa:

- **Optimización de la cadena de suministro:** Reducir los **tiempos de producción** y de entrega no solo ayuda a reducir costos, sino que también mejora la **satisfacción del cliente**. Una cadena de suministro optimizada asegura que los productos lleguen más rápido al mercado, lo que puede traducirse en **mayores ventas**. Ahmed (2018) resalta que la agilidad en la cadena de suministro es un factor clave para generar ventaja competitiva, especialmente en sectores donde la **rapidez** es valorada por los consumidores.

- **Capacitación del personal:** Empleados más **capacitados** son más eficientes, cometen menos errores y pueden contribuir a la **mejora continua** del negocio. Invertir en la capacitación y desarrollo de los empleados no solo mejora su desempeño, sino que también puede traducirse en **mejores relaciones con los clientes** y, en consecuencia, en mayores ingresos. La eficiencia operativa mejora cuando los empleados tienen las herramientas y habilidades necesarias para realizar su trabajo de manera efectiva, lo que contribuye a un mejor servicio y experiencia del cliente.

- **Implementación de software de gestión empresarial:** Herramientas como los sistemas **ERP (Enterprise Resource Planning)** ayudan a optimizar la **logística**, la **contabilidad** y la **gestión de inventarios**. Estos sistemas proporcionan una **visión integral** de las operaciones, lo que permite mejorar la eficiencia y eliminar cuellos de botella. Según Brigham y Houston (2021), la implementación de software de gestión empresarial puede aumentar los márgenes de ganancia al mejorar la **toma de decisiones** y reducir los **errores operativos**, lo que permite un flujo de ingresos más estable y sostenible.

3. Estrategias de Precios

Una **estrategia de precios** bien diseñada puede ser una herramienta poderosa para aumentar los ingresos sin afectar la **demanda**. En lugar de competir en precio, las empresas pueden enfocarse en cómo los clientes perciben el **valor** de su producto o servicio y ajustar los precios en consecuencia.

Técnicas para mejorar la estrategia de precios:

- **Precios basados en el valor:** En lugar de centrarse únicamente en el **precio más bajo**, las empresas pueden ajustar sus precios en función del **valor percibido** por el cliente. Si el producto o servicio resuelve un **problema crítico** o proporciona **beneficios únicos**, los clientes estarán dispuestos a pagar más. Un ejemplo de esto es Apple, que justifica sus altos precios al ofrecer productos de alta calidad, con características diferenciadas y un ecosistema cerrado. Ahmed (2018) señala que las empresas que adoptan un enfoque de precios basado en el valor tienen una mayor capacidad para **diferenciarse de la competencia**.

- **Segmentación de precios:** La **segmentación de precios** implica ajustar los precios en función de **diferentes segmentos de mercado**. Ofrecer versiones **premium** o **básicas** de un producto permite capturar a distintos tipos de clientes con diferentes necesidades y disposiciones de pago. Un ejemplo sería una plataforma de software que ofrezca un plan gratuito básico, una versión estándar a un precio moderado y una versión premium con funciones avanzadas a un precio más alto. Esta estrategia maximiza los ingresos al satisfacer las necesidades de diferentes nichos de mercado.

- **Precios dinámicos:** La **fijación de precios dinámica** utiliza herramientas de **análisis de datos** para ajustar los precios en tiempo real según factores como la **demanda**, la **competencia** o las **condiciones del mercado**. Las empresas en sectores como el turismo o el comercio electrónico han implementado con éxito precios dinámicos para maximizar ingresos durante picos de demanda. Según Brigham y Houston (2021), el uso de algoritmos para ajustar los precios permite a las empresas ser **más flexibles** y **competitivas**, optimizando los ingresos en cada situación de mercado.

En resumen, aumentar los ingresos implica una combinación de **innovación**, **mejora operativa** y **estrategias de precios inteligentes**. Las empresas que logran equilibrar estos factores tienen más posibilidades de maximizar sus ingresos y **crear valor** tanto para los clientes como para la empresa a largo plazo.

Ya que hemos explorado las estrategias clave para reducir costos y aumentar ingresos, es hora de ver cómo se aplican en situaciones reales. En esta sección, veremos ejemplos prácticos que ilustran cómo otros negocios lograron mejorar su margen de ganancias al implementar estas técnicas. Desde la optimización de procesos hasta innovaciones en la estructura de precios, estos ejemplos te mostrarán que cada decisión estratégica tiene el potencial de generar un impacto significativo en tu rentabilidad. Porque la teoría cobra vida cuando puedes visualizar cómo llevarla a cabo en tu propio negocio.

Ejemplos Prácticos

La implementación de estrategias de reducción de costos y aumento de ingresos puede transformar el desempeño financiero de una empresa sin sacrificar la calidad de los productos o servicios. Los siguientes ejemplos ilustran cómo las empresas pueden utilizar la **negociación con proveedores** y la **innovación en productos** para mejorar sus márgenes y atraer nuevos clientes.

Ejemplo 1: Reducción de Costos mediante Negociación con Proveedores

Una **cadena de restaurantes** que operaba en varias ciudades revisaba periódicamente los contratos con sus proveedores de alimentos. Anualmente, la empresa realizaba un **análisis exhaustivo de los costos** asociados con los ingredientes y otros insumos esenciales, buscando oportunidades para reducir los gastos sin comprometer la calidad de los productos servidos en sus locales.

Estrategia Implementada:

- **Compromiso a largo plazo y compra en volumen:** La cadena decidió **negociar contratos a largo plazo** con sus proveedores de alimentos, asegurando volúmenes de compra más grandes a cambio de **descuentos**

significativos. Al comprometerse a adquirir ciertos productos en **mayor cantidad**, pudieron **reducir el precio por unidad** en un 15 %. Esta estrategia les permitió garantizar la estabilidad de sus costos a lo largo del año, independientemente de las fluctuaciones del mercado o los posibles aumentos de precios de los insumos.

- **Reevaluación periódica de contratos:** La empresa también adoptó la política de **reevaluar sus contratos** con proveedores cada año. Esto les permitió estar siempre al tanto de las condiciones del mercado y renegociar términos más favorables cuando fuera posible. Según Brigham y Houston (2021), la revisión periódica de los contratos comerciales es clave para maximizar la eficiencia de los acuerdos y mantener los costos controlados, al mismo tiempo que se mantiene la calidad.

Resultados:

Gracias a estas estrategias, la cadena de restaurantes no solo logró reducir sus costos de insumos en un **15 %**, sino que también mantuvo la **calidad** de los alimentos servidos a los clientes. Este ahorro permitió a la empresa **reinvertir en marketing** y **mejorar la experiencia del cliente**, lo que contribuyó a su **crecimiento sostenido**. Además, la relación de confianza y lealtad que desarrollaron con sus proveedores resultó en un **servicio más ágil** y en la posibilidad de negociar mejores condiciones en futuros acuerdos.

Ejemplo 2: Innovación en Productos para Aumentar los Ingresos

Una **empresa de cosméticos** especializada en la fabricación de productos naturales identificó una oportunidad en el mercado para **personalizar** su oferta en función de las **necesidades específicas** de cada cliente. La compañía decidió lanzar una nueva línea de productos diseñados para **adaptarse a los distintos tipos de piel** de los consumidores, lo que permitió aumentar el valor percibido de su oferta y atraer a nuevos segmentos de mercado.

Estrategia Implementada:

- **Lanzamiento de productos personalizados:** La empresa llevó a cabo una investigación de mercado para entender las necesidades particulares de los clientes en términos de **cuidado de la piel**. Utilizando este análisis, desarrollaron una línea de productos que podían ser **personalizados** en función de las características específicas de la piel de cada cliente, como la sensibilidad, la hidratación y la edad. Según Ahmed (2018), la **personalización de productos** no solo aumenta el valor percibido, sino que también fortalece la **relación emocional** entre el cliente y la marca, lo que puede generar **fidelización**.

- **Aumento de precios justificado por la personalización:** Gracias a la **diferenciación** de sus productos, la empresa pudo **aumentar los precios** de su nueva línea de cosméticos. El valor adicional que la personalización aportaba a los clientes, como la posibilidad de resolver problemas específicos relacionados con su piel, justificaba el **incremento en los precios**. Esta estrategia permitió a la empresa no solo atraer a nuevos clientes, sino también incrementar sus **márgenes de ganancia**.

Resultados:

El lanzamiento de esta línea personalizada resultó en un aumento del **25 % en los ingresos** durante el primer año. La innovación en su oferta, junto con el incremento en los precios, permitió a la empresa aumentar su base de clientes y mejorar su **posicionamiento en el mercado** como una marca premium de cosméticos naturales. De acuerdo con Brigham y Houston (2021), la capacidad de una empresa para **adaptar sus productos** a las necesidades específicas de los clientes es un factor clave para mantener la competitividad y fomentar el crecimiento sostenido.

Después de revisar algunos ejemplos prácticos, vamos a profundizar en estudios de caso reales que demuestran el poder de la optimización de costos y la maximización de ingresos en acción. Analizaremos cómo diferentes empresas, enfrentadas a desafíos financieros, utilizaron estrategias innovadoras para recortar gastos y, al mismo tiempo, aumentar sus ingresos. Estos casos no solo te inspirarán, sino que también te brindarán ideas prácticas que puedes aplicar directamente a tu negocio. Porque aprender de quienes ya han recorrido este camino es una de las maneras más efectivas de impulsar el éxito.

Estudios de Caso Reales

Los casos de **Walmart** y **Apple** demuestran cómo diferentes enfoques estratégicos pueden optimizar los costos y maximizar los ingresos, mientras se mantiene la calidad y la competitividad en el mercado. A través de sus respectivas estrategias, estas dos empresas globales han logrado posicionarse como líderes en sus sectores, ofreciendo productos de alta demanda con **márgenes de beneficio saludables**.

Estudio de Caso 1: Walmart y la Optimización de Costos

Walmart, el mayor minorista del mundo, ha construido su éxito sobre una estrategia rigurosa de **optimización de costos**. A lo largo de su historia, la compañía ha perfeccionado su cadena de suministro y ha implementado procesos innovadores para garantizar que pueda ofrecer **precios bajos** a sus clientes sin sacrificar los márgenes de beneficio. De acuerdo con Brigham y Houston (2021), la **reducción de costos operativos** es clave para mejorar la competitividad de las empresas minoristas en mercados globales.

Estrategia de Optimización de Costos:

- **Cadena de suministro eficiente:** Walmart ha desarrollado una de las cadenas de suministro más eficientes y avanzadas del mundo. Al utilizar tecnologías como el **análisis de datos** y sistemas de gestión logística en tiempo real, la empresa ha logrado reducir significativamente los costos asociados con la distribución y el almacenamiento de productos. Según Ahmed (2018), la inversión en tecnología para optimizar la cadena de suministro es un factor esencial para mejorar la eficiencia operativa en grandes empresas. Walmart ha aprovechado estas tecnologías para asegurar que sus productos estén siempre disponibles en el momento adecuado, minimizando los costos de inventario y reduciendo las **ineficiencias logísticas**.

- **Negociación efectiva con proveedores:** Otro pilar de la estrategia de Walmart es su capacidad para negociar **condiciones favorables** con sus proveedores. Gracias a su **enorme escala** y su capacidad para realizar compras masivas, la empresa obtiene **descuentos significativos** en los productos que adquiere. Además, Walmart establece acuerdos de colaboración a largo plazo con sus principales proveedores, lo que les permite mantener precios bajos de manera constante. Fernandes et al. (2014) señalan que las empresas que optimizan sus relaciones con los proveedores, asegurando volúmenes de compra elevados, suelen obtener mejores condiciones que sus competidores.

Resultados de la Estrategia de Optimización:

Gracias a su enfoque en la **eficiencia operativa** y las negociaciones con proveedores, Walmart ha podido ofrecer **precios altamente competitivos** a sus clientes mientras mantiene **márgenes de beneficio saludables**. Este modelo de negocio ha permitido a Walmart consolidarse como líder en el mercado minorista global, satisfaciendo la demanda de los consumidores que buscan productos a precios accesibles sin comprometer la calidad. A medida que la empresa continúa optimizando sus procesos y adoptando nuevas tecnologías, sigue siendo un referente de cómo la **optimización de costos** puede traducirse en **crecimiento sostenido** y **competitividad a largo plazo**.

Estudio de Caso 2: Apple y la Maximización de Ingresos

Apple, por su parte, ha logrado maximizar sus ingresos y mantener una **posición de liderazgo** en el mercado tecnológico global mediante una combinación de **innovación de productos** y una **estrategia de precios basados en el valor**. Con su enfoque en el desarrollo de dispositivos de alta gama y una **fidelización sólida** por parte de sus clientes, Apple ha logrado vender productos a precios premium sin afectar la demanda, lo que le ha permitido alcanzar **márgenes de beneficio superiores** en comparación con sus competidores.

Estrategia de Maximización de Ingresos:

- **Innovación continua en productos:** Apple se ha posicionado como una empresa líder en innovación gracias al desarrollo de productos disruptivos como el **iPhone**, el **iPad** y el **Apple Watch**. Cada nuevo lanzamiento incluye **mejoras tecnológicas** y características únicas que no solo mantienen a los clientes actuales, sino que también atraen a nuevos consumidores. Según Fernandes et al. (2014), la innovación es uno de los motores clave del crecimiento empresarial, ya que permite a las empresas mantenerse competitivas y ofrecer soluciones de valor superior. Apple no solo lanza productos tecnológicamente avanzados, sino que también logra **crear expectativas** en el mercado, lo que mantiene alta la demanda de sus dispositivos.

- **Precios basados en el valor percibido:** Apple no compite en términos de precios bajos, sino en función del **valor percibido** por los clientes. La compañía se ha centrado en ofrecer una **experiencia de usuario excepcional** y en crear un **ecosistema cerrado** donde sus dispositivos están altamente interconectados, lo que refuerza la lealtad de los consumidores y les permite justificar precios más elevados. Ahmed (2018) destaca que la **fijación de precios basada en el valor** es una estrategia efectiva para las empresas que pueden ofrecer productos diferenciados con características únicas, ya que los clientes están dispuestos a pagar más por la exclusividad y la calidad.

Resultados de la Estrategia de Maximización de Ingresos:

Gracias a su enfoque en la innovación y la creación de valor, Apple ha podido mantener **precios premium** en todos sus productos, lo que le ha permitido alcanzar **márgenes de ganancia superiores**. A pesar de los precios elevados, la demanda de los productos de Apple se ha mantenido fuerte, lo que demuestra la **alta fidelidad** de su base de clientes.

Según Brigham y Houston (2021), esta capacidad para **maximizar los ingresos** sin sacrificar la demanda es un ejemplo claro de cómo las empresas pueden optimizar su rentabilidad al enfocarse en la **diferenciación** y la **percepción de valor**.

Al observar estos estudios de caso y ejemplos prácticos, queda claro que la optimización de costos y la maximización de ganancias no son solo conceptos abstractos, sino estrategias alcanzables que pueden transformar cualquier empresa. En las conclusiones de este capítulo, recapitularemos las ideas más importantes que te ayudarán a aplicar estas estrategias en tu negocio. Te llevarás una visión clara sobre cómo equilibrar la eficiencia con la calidad, y cómo aprovechar al máximo cada oportunidad de ingresos sin sacrificar la experiencia del cliente. Este equilibrio es lo que hará que tu negocio sea rentable y sostenible en el tiempo.

Conclusiones del Capítulo

La **optimización de costos** y la **maximización de ingresos** son dos pilares esenciales en la gestión financiera de cualquier empresa, y aunque pueden parecer esfuerzos opuestos, en realidad son complementarios y deben ser gestionados en conjunto para garantizar un crecimiento sostenible y la **estabilidad financiera**. Mientras que la reducción de costos permite a las empresas mejorar su rentabilidad al liberar recursos y evitar gastos innecesarios, las estrategias enfocadas en aumentar los ingresos, a través de la innovación y la mejora operativa, aseguran que la organización mantenga un flujo de ingresos constante y en crecimiento. La verdadera clave del éxito empresarial radica en encontrar el **equilibrio adecuado** entre reducir gastos de manera eficiente sin comprometer la calidad, y al mismo tiempo, implementar iniciativas que fortalezcan la oferta de valor y atraigan a nuevos clientes.

El proceso de **optimización de costos** implica mucho más que simplemente recortar gastos. Para ser efectivo, este enfoque requiere un análisis detallado de todos los aspectos del negocio, identificando aquellas áreas donde los recursos se están utilizando de manera ineficiente o donde los procesos pueden ser simplificados. Esto incluye desde la negociación con proveedores para obtener mejores precios, la adopción de nuevas tecnologías para automatizar tareas repetitivas, hasta la mejora en la gestión del inventario para evitar sobrecarga o desperdicios. La optimización de costos debe estar alineada con los objetivos estratégicos de la empresa, de modo que los recortes no afecten la calidad del producto o servicio ni comprometan la experiencia del cliente. La **eficiencia operativa** es el núcleo de este enfoque, y las empresas que logran optimizar sus costos de manera inteligente no solo mejoran su rentabilidad, sino que también se vuelven más ágiles y competitivas en el mercado.

Sin embargo, la reducción de costos por sí sola no garantiza el éxito a largo plazo si no se acompaña de una **estrategia sólida para maximizar los ingresos**. Las empresas deben centrarse en **estrategias de innovación** que les permitan diferenciarse de la competencia y mantener su relevancia en el mercado. Esto puede incluir el desarrollo de nuevos productos, la mejora de los servicios actuales o la creación de soluciones personalizadas para satisfacer las necesidades cambiantes de los clientes. La innovación no solo impulsa las ventas, sino que también contribuye a **aumentar el valor percibido** por los clientes, lo que puede justificar precios más altos y mejorar los márgenes de ganancia. Además, una estrategia bien diseñada para atraer a nuevos clientes, ya sea a través de campañas de marketing efectivas o mediante la expansión a nuevos mercados, es crucial para asegurar un crecimiento continuo en los ingresos.

La **mejora operativa** también juega un papel fundamental en la maximización de ingresos. Al optimizar los procesos internos, las empresas pueden aumentar la productividad sin aumentar significativamente los costos, lo que se traduce en mayores beneficios. Mejorar la eficiencia en áreas como la logística, la gestión de la cadena de suministro o la atención al cliente no solo reduce costos, sino que también puede mejorar la **experiencia del cliente**, lo que, a su vez, aumenta la fidelidad y las oportunidades de ventas repetidas. Las empresas que invierten en tecnologías avanzadas, como la automatización o el análisis de datos, están mejor equipadas para detectar oportunidades de mejora operativa y ajustar sus estrategias en tiempo real, lo que les permite **maximizar su rendimiento** mientras mantienen controlados sus costos operativos.

El verdadero desafío para las empresas es encontrar el **equilibrio adecuado** entre optimización de costos y maximización de ingresos. Recortar gastos de manera excesiva, sin tener en cuenta el impacto en la calidad o en la capacidad de la empresa para innovar, puede perjudicar gravemente la satisfacción del cliente y dañar la reputación de la marca. Por otro lado, concentrarse únicamente en aumentar los ingresos, sin prestar atención a la eficiencia de los costos, puede llevar a una expansión desmedida y a una disminución de la rentabilidad. Por eso, es esencial que los líderes empresariales adopten un enfoque equilibrado, donde las iniciativas de reducción de costos vayan de la mano con esfuerzos continuos por mejorar la oferta de valor y **aumentar la base de clientes**.

Una parte clave de este equilibrio es **mantener la calidad** mientras se reducen los costos. La calidad es uno de los principales factores que determinan la percepción y la lealtad del cliente, y cualquier reducción que afecte negativamente la calidad puede tener un impacto perjudicial en los ingresos a largo plazo. Las empresas deben buscar formas de recortar gastos sin sacrificar los elementos que más valoran los clientes. Por ejemplo, la adopción de tecnologías más eficientes, la implementación de mejoras en los procesos de producción o la optimización de la cadena de suministro son formas de reducir costos sin comprometer el nivel de calidad que los clientes esperan. De hecho, en muchos casos, mejorar la eficiencia operativa puede incluso **mejorar la calidad** del producto o servicio, lo que a su vez refuerza la lealtad del cliente y aumenta los ingresos.

Además, la capacidad de atraer a **nuevos clientes** y **aumentar el valor percibido** es esencial para sostener el crecimiento. Estrategias de marketing innovadoras, la personalización de la oferta y el fortalecimiento de las relaciones con los clientes son herramientas poderosas para aumentar los ingresos. En este sentido, el uso de datos y análisis avanzados permite a las empresas comprender mejor las preferencias de sus clientes, anticiparse a sus necesidades y ofrecer productos o servicios que realmente agreguen valor. Al hacer que los clientes se sientan más conectados con la marca y su oferta, las empresas no solo aumentan sus ventas, sino que también construyen una base sólida para el crecimiento futuro.

En conclusión, la **optimización de costos** y la **maximización de ingresos** son dos aspectos inseparables de una estrategia empresarial exitosa. Mientras que la reducción de gastos fortalece la estabilidad financiera, las **estrategias de innovación** y **mejora operativa** aseguran un flujo de ingresos continuo y en crecimiento. El desafío está en encontrar el equilibrio entre mantener la calidad y reducir costos, sin comprometer la oferta de valor que distingue a la empresa en el mercado. Al implementar un enfoque estratégico que integre estas dos áreas, las empresas pueden no solo mejorar su rentabilidad a corto plazo, sino también construir una base sólida para el crecimiento sostenible a largo plazo.

Antes de seguir adelante, es importante detenernos para reflexionar sobre algunos consejos prácticos que te ayudarán a implementar todo lo aprendido en este capítulo. Aquí, compartiré recomendaciones clave para que puedas optimizar tus costos y maximizar tus ingresos de manera efectiva, desde ajustar procesos internos hasta identificar nuevas oportunidades de ventas. Estos consejos te permitirán tomar decisiones más inteligentes que beneficiarán directamente a tu rentabilidad sin comprometer la calidad de tu producto o servicio. Porque la verdadera ganancia no solo está en lo que ahorras, sino en cómo aumentas el valor que entregas.

Consejos y Recomendaciones
1. **Revise periódicamente sus costos:** No asumas que los gastos de tu empresa son fijos. Revisa regularmente para encontrar oportunidades de ahorro.
2. **Enfócate en el valor, no solo en el precio:** La percepción de valor de tus productos o servicios puede ser una palanca poderosa para justificar precios más altos.
3. **Capacita a tu equipo:** Invertir en el desarrollo de tu equipo no solo mejora la eficiencia, sino que también puede generar ideas innovadoras que aumenten los ingresos.

Con los consejos y estrategias frescos en mente, es hora de pasar a la acción con ejercicios prácticos que te permitirán adaptar lo aprendido a tu propio negocio. En esta sección, te guiaré a través de ejercicios diseñados para identificar áreas donde puedes reducir costos sin perder eficiencia, y también para descubrir oportunidades ocultas de aumentar tus ingresos. Porque entender los conceptos es solo el primer paso, pero aplicarlos de manera concreta y medible es lo que realmente te llevará a obtener resultados tangibles en tu negocio.

Ejercicios Aplicados

1. **Análisis de costos:** Realiza un análisis detallado de los costos operativos de tu empresa y encuentra al menos

tres áreas donde puedas reducir gastos sin afectar la calidad.

2. **Innovación de productos:** Identifica una oportunidad para mejorar o personalizar tus productos o servicios y desarrolla un plan para lanzarlo en los próximos seis meses.

3. **Ajusta tu estrategia de precios:** Revisa la estructura de precios actual y evalúa si puedes implementar segmentación o precios basados en el valor para mejorar tus márgenes de beneficio.

Después de completar los ejercicios, es momento de afinar tus habilidades con algunos tips y trucos que harán que la optimización de costos y la maximización de ingresos sean más fáciles y efectivas en tu día a día. En esta sección, compartiré pequeños ajustes y estrategias que puedes implementar rápidamente para ver mejoras inmediatas. Estos trucos te ayudarán a mantener un control constante sobre los costos, a mejorar la eficiencia operativa y a sacar el máximo provecho de cada oportunidad de ventas. Porque a veces, los cambios más simples son los que generan los mayores resultados.

Tips y Trucos

- **Externaliza tareas no esenciales:** La subcontratación de funciones no críticas puede reducir costos y permitirte concentrarte en las áreas clave de tu negocio.

- **Implementa una cultura de ahorro:** Fomenta en tu equipo una mentalidad de eficiencia y ahorro para que todos contribuyan a optimizar el uso de los recursos.

Finalmente, si deseas seguir profundizando en el arte de la optimización de costos y la maximización de ganancias, te proporcionamos una lista de recursos adicionales. Estos materiales incluyen desde libros hasta herramientas digitales que te ayudarán a continuar perfeccionando tus estrategias. Porque siempre hay más por aprender, y cuanto más te eduques en estas áreas, más preparado estarás para tomar decisiones que mejoren la eficiencia y aumenten tus márgenes de ganancia. ¡El conocimiento es el mejor aliado para asegurar el éxito financiero de tu negocio!

Recursos Adicionales

- **Libros recomendados:** "Lean Thinking" de James Womack y Daniel Jones, "Pricing with Confidence" de Reed Holden y Mark Burton.

- **Cursos online:** "Cost Management for Business" en edX, "Strategic Innovation and Design Thinking" en Coursera.

Una vez que has afinado tus costos y maximizado tus ganancias, es hora de dar un paso hacia el futuro: la tecnología. En el mundo financiero moderno, la tecnología ya no es solo una herramienta adicional, es el motor que impulsa la eficiencia y la innovación. En esta sección, exploraremos cómo las finanzas y la tecnología están entrelazadas, desde el análisis de datos en tiempo real hasta las plataformas que automatizan procesos financieros. Prepárate para descubrir cómo la digitalización puede transformar tus finanzas y permitirte tomar decisiones más rápidas y mejor informadas, llevándote a la vanguardia de la gestión empresarial.

"Los gastos pequeños que no controlas son los que te hunden." – **Charles Dickens**

Inteligencia Financiera

Capítulo 8
Tecnología y Finanzas

"El Futuro Financiero Está en la Innovación"

El avance de la tecnología ha revolucionado la manera en que las empresas gestionan sus finanzas. Desde la automatización de procesos contables hasta la protección avanzada de datos financieros, la innovación tecnológica ha generado herramientas que permiten a los negocios operar de manera más eficiente, segura y escalable. En este capítulo, exploraremos cómo la **tecnología financiera (Fintech)** está transformando la gestión financiera y cómo proteger tu empresa frente a los crecientes riesgos de ciberseguridad.

Fintech: Herramientas para la Gestión Financiera Moderna

El término **Fintech** se refiere a la integración de **tecnología** con los **servicios financieros** y abarca una amplia gama de herramientas diseñadas para mejorar la **eficiencia**, **reducir costos**, y **facilitar la toma de decisiones** en el ámbito financiero. Estas soluciones permiten a las empresas de todos los tamaños optimizar la **gestión de sus recursos** y acceder a información financiera en tiempo real. Desde la **automatización contable** hasta el uso de **blockchain** y **smart**

contracts, el mundo Fintech ha transformado radicalmente el panorama financiero empresarial.

1. Automatización de la Contabilidad y la Gestión Financiera

Uno de los avances más significativos en el campo de Fintech es la **automatización** de la contabilidad y la gestión financiera empresarial. Las soluciones basadas en la nube permiten a las empresas automatizar procesos repetitivos y **simplificar la administración** de recursos, proporcionando al mismo tiempo informes financieros **precisos en tiempo real**. Esto se traduce en un **ahorro de tiempo** y en una **reducción de errores** humanos, aliviando la carga sobre los equipos financieros.

Ventajas de la automatización financiera:

- **Eficiencia y precisión:** La automatización reduce al mínimo los **errores manuales**, lo que permite a los equipos financieros concentrarse en **tareas estratégicas** y de mayor valor añadido. Ahmed (2018) destaca que las empresas que implementan software de gestión financiera logran aumentar su eficiencia operativa, reduciendo el tiempo dedicado a tareas repetitivas y minimizando los riesgos de errores contables.

- **Monitoreo en tiempo real:** Herramientas como **QuickBooks, Xero** o **FreshBooks** ofrecen a los empresarios una **visión clara** y en tiempo real de la situación financiera de la empresa. Esto facilita la **toma de decisiones** más informada y permite actuar rápidamente ante cualquier **anomalía** o **oportunidad** financiera. Según Brigham y Houston (2021), la capacidad de las empresas para acceder a datos financieros actualizados es clave para garantizar la agilidad y la precisión en la gestión de sus operaciones.

- **Integración con bancos y plataformas de pago:** La integración entre los sistemas contables y las plataformas bancarias permite una **reconciliación automática** de las cuentas, reduciendo significativamente el tiempo necesario para el **cierre mensual** o las auditorías. Esta capacidad de integrar múltiples sistemas financieros en una sola plataforma proporciona una visión completa y centralizada de las finanzas.

- **Simplificación del flujo de caja:** Al automatizar la **facturación** y el **seguimiento de pagos**, las empresas logran un mejor control sobre el **flujo de caja** y la **liquidez**. La automatización no solo mejora la puntualidad en los cobros, sino que también reduce los riesgos asociados con el flujo de efectivo, lo que facilita la **planificación financiera**.

2. Pagos Digitales y Gestión de Tesorería

Las **soluciones de pago digital** han revolucionado la forma en que las empresas reciben pagos de sus clientes y gestionan sus relaciones con proveedores. Estas plataformas ofrecen una serie de ventajas que no solo mejoran la **velocidad** y **seguridad** de los pagos, sino que también permiten la **automatización** de procesos financieros clave, como la gestión de suscripciones y pagos recurrentes.

Herramientas clave para pagos digitales:

- **Plataformas de pago en línea:** Herramientas como **PayPal**, **Stripe**, **Square** y **TransferWise** facilitan la recepción de pagos de manera ágil y segura, reduciendo la dependencia de los métodos tradicionales como las transferencias bancarias. Según Fernandes et al. (2014), estas plataformas no solo aceleran los ciclos de cobro, sino que también ofrecen una mayor transparencia y seguridad en las transacciones, ayudando a las empresas a mejorar su flujo de caja.

- **Pagos automáticos y recurrentes:** La capacidad de **automatizar pagos recurrentes** es especialmente útil para empresas que manejan **suscripciones** o facturas periódicas. Estas plataformas permiten establecer ciclos de pago automatizados, mejorando la puntualidad en los cobros y reduciendo los riesgos de impago.

- **Moneda internacional y criptoactivos:** Fintech ha facilitado enormemente la **gestión de pagos internacionales**, reduciendo los costos asociados a las **transacciones en distintas monedas**. Además, el uso de **criptomonedas** permite realizar pagos **globales** con mayor rapidez y menores comisiones, lo que es particularmente beneficioso para empresas con operaciones internacionales. Ahmed (2018) destaca que las empresas que adoptan criptomonedas y otras soluciones de pagos internacionales se benefician de una mayor agilidad y menores costos de transacción.

3. Análisis Financiero Avanzado e Inteligencia Artificial

La integración de **inteligencia artificial (IA)** en el análisis financiero permite a las empresas obtener un **conocimiento profundo** y en tiempo real de sus **datos financieros**. Esto no solo facilita la toma de decisiones más precisas, sino que también mejora la capacidad para **prever tendencias** y **gestionar riesgos** de manera proactiva. Según Brigham y Houston (2021), la capacidad de la IA para procesar grandes volúmenes de datos y ofrecer análisis predictivos es una ventaja competitiva para las empresas que desean optimizar su gestión financiera.

Usos de la IA en la gestión financiera:

- **Predicción de flujo de caja:** Herramientas como **Float** o **Fathom** analizan los datos históricos y actuales para predecir posibles **déficits** o **excedentes de liquidez**. Esto permite a las empresas **anticiparse** a problemas de flujo de caja y tomar medidas correctivas antes de que ocurran.
- **Análisis de crédito y riesgo:** Los algoritmos desarrollados por Fintech permiten evaluar el **riesgo crediticio** de los clientes con mayor precisión que los

métodos tradicionales. Estas herramientas son capaces de analizar patrones de comportamiento financiero y ofrecer **recomendaciones automáticas** sobre la **concesión de créditos** o financiamiento. Ahmed (2018) señala que el análisis de riesgo basado en IA es clave para mejorar las tasas de aprobación de crédito sin aumentar el riesgo de impago.

- **Optimización de inversiones:** Las herramientas de **robo-advisors**, como **Betterment** o **Wealthfront**, utilizan inteligencia artificial para sugerir inversiones **personalizadas** según los objetivos financieros y el **perfil de riesgo** de la empresa. Este tipo de tecnología ha democratizado el acceso a **inversiones sofisticadas**, permitiendo a las empresas optimizar su **cartera de inversiones** sin necesidad de asesoramiento financiero costoso.

4. Blockchain y Smart Contracts

El **blockchain** es una tecnología descentralizada que proporciona **transparencia** y **seguridad** en las transacciones financieras. En paralelo, los **smart contracts** son contratos digitales **autoejecutables**, donde los términos del acuerdo están programados directamente en el código. Ambas tecnologías están ganando popularidad en la **gestión financiera empresarial**, especialmente en la **financiación** y los **acuerdos comerciales**.

Ventajas del blockchain y los smart contracts:

- **Transparencia y seguridad:** Todas las transacciones realizadas en una **blockchain** son registradas en un **libro mayor público** que no puede ser alterado, lo que mejora la confianza entre las partes y reduce el riesgo de fraude. Según Fernandes et al. (2014), la transparencia inherente al blockchain permite auditar cada transacción sin necesidad de intermediarios, lo que aumenta la **seguridad financiera**.

- **Reducción de costos:** El blockchain elimina la necesidad de **intermediarios** en las transacciones financieras, lo que reduce significativamente los **costos asociados** a los acuerdos comerciales o las transferencias internacionales. Esta tecnología también ofrece la posibilidad de crear **smart contracts**, que se ejecutan automáticamente cuando se cumplen las condiciones preestablecidas, ahorrando tiempo y costos operativos.

- **Ejecución automática:** Los **smart contracts** se ejecutan automáticamente sin la necesidad de supervisión manual. Esto asegura que los **acuerdos financieros** se cumplan al pie de la letra, minimizando las disputas y mejorando la eficiencia operativa.

Las herramientas fintech han revolucionado la gestión financiera, permitiendo a las empresas operar con mayor agilidad, precisión y control. Sin embargo, con el aumento de la digitalización viene también una mayor exposición a riesgos cibernéticos. Es crucial no solo aprovechar la tecnología, sino también protegerse de sus vulnerabilidades.

En la siguiente sección, profundizaremos en la importancia de la ciberseguridad financiera. Descubrirás cómo proteger la información más valiosa de tu empresa frente a amenazas digitales, asegurando que la innovación no comprometa la seguridad de tu negocio.

Protege tu Empresa con Ciberseguridad Financiera

El uso de tecnologías avanzadas para la **gestión financiera** ha transformado el modo en que las empresas manejan sus finanzas, pero también ha incrementado los riesgos asociados con la **ciberseguridad**. La **digitalización** de las finanzas implica la recopilación, transmisión y almacenamiento de grandes cantidades de **datos confidenciales**, lo que convierte a las empresas en objetivos atractivos para los ciberataques. Para proteger la **integridad financiera** de la organización, es fundamental implementar medidas sólidas de ciberseguridad que puedan prevenir, detectar y mitigar estos riesgos.

1. Principales Amenazas de Ciberseguridad Financiera

Las amenazas cibernéticas en el ámbito financiero son diversas y pueden tener graves consecuencias para las empresas, desde pérdidas económicas hasta daños irreparables en su **reputación**. La **seguridad financiera** depende de la capacidad de la empresa para reconocer y mitigar estas amenazas.

Amenazas comunes de ciberseguridad financiera:

- **Phishing y suplantación de identidad:** Los ataques de **phishing** son una de las tácticas más utilizadas por los ciberdelincuentes para robar **información confidencial**, como contraseñas o datos bancarios. Estos ataques suelen realizarse a través de **correos electrónicos falsos** que imitan a empresas legítimas, lo que lleva a los usuarios a revelar información sensible. Según Fernandes et al. (2014), el phishing sigue siendo una de las amenazas más peligrosas debido a la facilidad con la que puede engañar a los empleados.

- **Malware y ransomware:** El **malware** es un software malicioso que puede infiltrarse en los sistemas de la empresa, corrompiendo datos o robando información confidencial. El **ransomware**, una variante del malware, bloquea el acceso a los sistemas o datos hasta que se pague un **rescate**. En muchos casos, el pago no garantiza la recuperación de los datos, lo que puede causar una interrupción significativa en las operaciones de la empresa. Ahmed (2018) destaca que los ataques de ransomware pueden paralizar la capacidad de una empresa para operar, causando pérdidas sustanciales.

- **Ataques a los sistemas de pago:** Los **sistemas de pago digital** son objetivos atractivos para los hackers, que pueden interceptar transacciones, robar información de pago o desviar fondos. Estos ataques comprometen la **confianza del cliente** y pueden llevar a la pérdida de grandes sumas de dinero si no se detectan a tiempo. Según Brigham y Houston (2021), la **seguridad de los sistemas de pago** es un componente crítico para la estabilidad financiera de las empresas, ya que cualquier brecha en estos sistemas puede resultar en la pérdida de datos financieros y daños a la reputación.

2. Mejores Prácticas de Ciberseguridad Financiera

Para proteger la integridad de las finanzas y los datos sensibles, es necesario que las empresas implementen un conjunto integral de **medidas de ciberseguridad**. Estas estrategias no solo protegen contra las amenazas más comunes, sino que también aseguran la **resiliencia** de la empresa ante posibles ataques.

Estrategias de ciberseguridad financiera:

- **Autenticación de dos factores (2FA):** La **autenticación de dos factores** añade una capa extra de seguridad al requerir una segunda forma de verificación además de la contraseña, como un código enviado a través de mensaje de texto o una aplicación de autenticación. Esto dificulta que los ciberdelincuentes accedan a cuentas con credenciales comprometidas. Ahmed (2018) sugiere que la implementación de 2FA reduce significativamente el riesgo de **acceso no autorizado** a los sistemas financieros.

- **Encriptación de datos:** La **encriptación** es esencial para proteger la información sensible tanto en tránsito como en reposo. La encriptación asegura que los datos no puedan ser leídos ni utilizados por terceros no autorizados, incluso si se interceptan durante una transacción o acceso a una base de datos. Según Fernandes et al. (2014), la **encriptación de extremo a extremo** es clave para garantizar la **confidencialidad de los datos financieros**.

- **Actualización de software y parches de seguridad:** Mantener el software actualizado es una medida fundamental para cerrar las **vulnerabilidades** que los hackers podrían explotar. Los **parches de seguridad** lanzados por los desarrolladores corrigen fallos conocidos, por lo que es crucial instalarlos tan pronto como estén disponibles. Según Brigham y Houston (2021), una política estricta de actualización de software es una de las primeras líneas de defensa contra los ataques cibernéticos.

- **Conciencia y capacitación:** Capacitar a los **empleados** sobre las **amenazas de ciberseguridad** es esencial para prevenir ataques como el phishing. Los empleados deben ser conscientes de cómo identificar correos electrónicos fraudulentos, enlaces sospechosos o comportamientos inusuales en los sistemas. Ahmed (2018) destaca que la **educación del personal** en ciberseguridad puede prevenir muchas de las violaciones más comunes que resultan de errores humanos.

- **Backups periódicos:** Las **copias de seguridad** regulares de los datos financieros son esenciales para garantizar la **recuperación rápida** en caso de ataque o fallo técnico. Estas copias deben almacenarse en ubicaciones seguras y desconectadas de los sistemas principales para evitar que también se vean comprometidas en un ciberataque. Según Brigham y Houston (2021), las empresas que implementan **políticas robustas de backups** tienen una mayor capacidad para recuperarse de incidentes y mantener la continuidad operativa.

3. Compliance y Normativas de Seguridad

Además de las mejores prácticas técnicas, las empresas deben cumplir con una serie de **normativas de seguridad** impuestas por gobiernos y organismos internacionales. Estas normativas no solo protegen a las empresas de posibles sanciones, sino que también refuerzan la **seguridad de los datos financieros** y aseguran la **confianza** de los clientes y socios comerciales.

Normativas de seguridad financiera:

- **PCI DSS (Payment Card Industry Data Security Standard):** Este conjunto de normas asegura que las empresas que manejan **información de tarjetas de crédito** lo hagan de manera segura. El cumplimiento de PCI DSS implica la adopción de medidas para proteger la información sensible de los tarjetahabientes, como la **encriptación de datos** y la

autenticación robusta. Ahmed (2018) subraya que el cumplimiento de PCI DSS es esencial para garantizar que las empresas no solo protejan los datos financieros, sino que también mantengan la **confianza del cliente**.

- **Reglamento General de Protección de Datos (GDPR):** El **GDPR**, aplicable en la Unión Europea, regula cómo las empresas pueden recopilar, almacenar y gestionar **datos personales**, incluyendo información financiera. Las empresas que operan a nivel global deben asegurarse de cumplir con estas regulaciones, ya que el incumplimiento puede resultar en **multas significativas**. Según Fernandes et al. (2014), el cumplimiento del GDPR no solo protege a las empresas de sanciones legales, sino que también mejora la **transparencia** y **seguridad** de la gestión de los datos personales y financieros.

En resumen, la implementación de estas medidas de **ciberseguridad financiera** y el cumplimiento de las normativas vigentes son fundamentales para proteger a las empresas de las crecientes amenazas digitales que pueden comprometer tanto su **estabilidad financiera** como su **reputación** en el mercado.

Ahora que comprendes la importancia de proteger las finanzas de tu empresa en un entorno digital, es hora de ver cómo estas tecnologías y medidas de seguridad se aplican en la vida real. En esta sección, te compartiremos ejemplos prácticos de cómo las empresas han implementado soluciones fintech y de ciberseguridad para mejorar su gestión financiera y protegerse de ataques. Verás cómo la combinación de innovación y precaución puede ser clave para operar de manera eficiente y segura. Porque las herramientas tecnológicas no solo optimizan procesos, también te ofrecen una capa adicional de protección cuando se usan adecuadamente.

Ejemplos Prácticos

La implementación de herramientas **Fintech** y tecnologías avanzadas, como la **automatización financiera** y el **blockchain**, ha transformado la forma en que las empresas gestionan sus operaciones financieras, mejorando la **eficiencia** y reduciendo los **costos operativos**. A continuación, se presentan dos ejemplos prácticos de cómo estas tecnologías han beneficiado a empresas de diferentes sectores.

Ejemplo 1: Automatización Financiera en PYMEs

Una **pequeña empresa de servicios creativos** enfrentaba desafíos en la gestión de su contabilidad debido a la carga administrativa que conllevaban los procesos manuales. El personal financiero dedicaba gran parte de su tiempo a tareas repetitivas, como la reconciliación bancaria, el seguimiento de facturas y la elaboración de informes financieros. La empresa necesitaba una solución que les permitiera reducir el tiempo dedicado a estas tareas y, al mismo tiempo, mejorar la **precisión de la información** contable.

Estrategia Implementada:

La empresa decidió implementar **QuickBooks**, una plataforma de contabilidad basada en la nube que automatiza las tareas contables, incluidas la **reconciliación bancaria** y la **gestión de facturas**. Este software permitió que los registros financieros se actualizaran de manera automática y en tiempo real, reduciendo la necesidad de intervención manual. Según Ahmed (2018), la automatización financiera es clave para pequeñas y medianas empresas (PYMEs), ya que permite optimizar la **eficiencia operativa** sin incurrir en grandes inversiones en infraestructura.

- **Automatización de la contabilidad:** La empresa configuró QuickBooks para automatizar tareas que anteriormente consumían mucho tiempo, como la conciliación de cuentas y la generación de informes financieros mensuales. Estas tareas, que antes podían tomar horas, ahora se completaban en cuestión de minutos gracias a la integración automática con las cuentas bancarias.

- **Mejora de la precisión y reducción de errores:** La automatización eliminó los **errores humanos** asociados con la entrada manual de datos, mejorando la **exactitud de la información financiera** y facilitando una toma de decisiones más precisa. Según Fernandes et al. (2014), la adopción de software de gestión contable en la nube reduce las posibilidades de errores contables, lo que ayuda a las empresas a mantener una visión clara y precisa de sus finanzas.

Resultados:

Gracias a la automatización, la empresa logró reducir el tiempo dedicado a tareas administrativas en un **30 %**, lo que liberó recursos humanos para enfocarse en actividades de mayor valor, como la **adquisición de nuevos clientes** y la **expansión de servicios**. Además, la precisión de los datos financieros mejoró, lo que permitió a los gerentes tomar decisiones más informadas y con mayor rapidez. Esta mejora en la eficiencia operativa permitió a la empresa optimizar su **planificación financiera** y aumentar su **competitividad** en el mercado.

Ejemplo 2: Blockchain en Transacciones Internacionales

Una **empresa de importación y exportación** con operaciones en múltiples países enfrentaba desafíos en la gestión de sus **transacciones internacionales**. Los pagos transfronterizos involucraban largos tiempos de procesamiento debido a la participación de varios intermediarios financieros, lo que generaba retrasos y altos costos de intermediación. Además, los contratos entre las partes involucradas requerían una verificación exhaustiva, lo que incrementaba el tiempo de negociación y firmaba los acuerdos comerciales.

Inteligencia Financiera

Estrategia Implementada:

La empresa adoptó **blockchain** como solución para optimizar las **transacciones internacionales** y mejorar la seguridad y transparencia de sus acuerdos comerciales. Además, comenzaron a utilizar **smart contracts** para agilizar la firma y ejecución de contratos internacionales. El uso de estas tecnologías redujo la dependencia de intermediarios financieros y mejoró la eficiencia operativa. Según Brigham y Houston (2021), la implementación de blockchain en procesos de pagos internacionales permite a las empresas reducir los costos operativos y mejorar la **velocidad** y **seguridad** de las transacciones.

- **Implementación de blockchain:** La empresa utilizó blockchain para gestionar los **pagos internacionales** de manera segura y rápida, eliminando la necesidad de intermediarios financieros tradicionales, como bancos y plataformas de transferencia. Cada transacción se registró de manera inmutable en la blockchain, lo que garantizaba la **transparencia** y **seguridad** del proceso.

- **Uso de smart contracts:** Los **smart contracts** permitieron a la empresa firmar contratos internacionales que se ejecutaban automáticamente cuando se cumplían las condiciones preestablecidas, como la entrega de productos o la confirmación de pagos. Esta automatización no solo redujo los tiempos de procesamiento, sino que también eliminó la necesidad de verificar manualmente cada etapa del proceso contractual.

Resultados:

Como resultado de la adopción de blockchain, la empresa redujo los tiempos de transacción de **semanas a horas**, lo que aceleró significativamente sus operaciones internacionales. Además, los costos de intermediación disminuyeron en un **50 %**, mejorando la **rentabilidad** de sus transacciones y permitiéndoles ofrecer precios más competitivos a sus clientes. Ahmed (2018) destaca que el uso de blockchain y smart contracts no solo aumenta la eficiencia operativa, sino que también mejora la **confianza** entre las partes involucradas, lo que es fundamental en acuerdos comerciales internacionales.

Después de revisar algunos ejemplos prácticos, vamos a sumergirnos en estudios de caso reales que ilustran el impacto de la tecnología financiera en empresas de diferentes tamaños y sectores. Estos casos revelarán cómo la adopción de fintech no solo transforma la gestión financiera, sino que también puede impulsar el crecimiento y la eficiencia operativa. Veremos ejemplos de empresas que han adoptado la tecnología con éxito y cómo lograron protegerse ante ciberamenazas, garantizando que la innovación tecnológica beneficie a sus finanzas sin comprometer su seguridad.

Estudios de Caso Reales

La evolución del **sector Fintech** y los avances en **ciberseguridad** han generado cambios profundos en la forma en que las empresas gestionan sus finanzas y protegen sus datos. Los casos de **Square** y **Equifax** muestran dos caras del mismo fenómeno: por un lado, la capacidad de Fintech para empoderar a las pequeñas empresas a través de soluciones de pagos digitales; y por otro, las devastadoras consecuencias de un **ciberataque** cuando no se implementan las medidas de seguridad necesarias.

Estudio de Caso 1: Square y la Revolución de los Pagos Digitales

Square, fundada en 2009, se convirtió en una de las empresas pioneras del sector Fintech al transformar la forma en que las pequeñas y medianas empresas gestionan sus **pagos digitales**. Su innovador enfoque permitió a miles de comercios aceptar **pagos con tarjetas de crédito** de manera accesible y asequible, utilizando simplemente un dispositivo móvil y un lector de tarjetas. Esta tecnología ha sido especialmente valiosa para **pequeñas empresas**, que anteriormente se enfrentaban a **barreras** tecnológicas y de costos para implementar soluciones de pago avanzadas.

Estrategia de Square:

Square desarrolló una serie de **soluciones accesibles** y fáciles de usar que permitieron a pequeñas empresas digitalizar sus operaciones de pago. Una de sus primeras innovaciones fue el **lector de tarjetas** que se conecta a dispositivos móviles, permitiendo a las empresas aceptar pagos con tarjeta en cualquier lugar. Esta solución se integró con un software de gestión financiera que facilitaba la **emisión de recibos**, la **gestión de inventarios**, y la **generación de informes financieros**.

- **Facilidad de uso y adopción masiva:** La clave del éxito de Square fue su simplicidad. Los pequeños comercios podían adoptar esta tecnología sin necesidad de invertir en **infraestructura costosa** o enfrentar complicaciones técnicas. Según Ahmed (2018), la facilidad de uso y accesibilidad de las soluciones de Square permitieron democratizar el acceso a los pagos digitales, especialmente entre negocios locales y emprendedores que no podían permitirse sistemas de pago tradicionales.

- **Soluciones integradas:** Square también lanzó una plataforma más robusta que incluía herramientas para la **gestión financiera**, como la conciliación de pagos y la generación de **informes de ventas** en tiempo real. Estas herramientas ofrecieron a las pequeñas empresas una visión más clara de su **flujo de caja** y les ayudaron a tomar decisiones basadas en **datos**. Brigham y Houston (2021) destacan que la integración de sistemas de pago con plataformas de gestión financiera es clave para optimizar la eficiencia operativa en empresas que buscan soluciones todo-en-uno.

Resultados de la Revolución de Square:

La introducción de Square permitió que miles de pequeñas empresas en todo el mundo comenzaran a aceptar **tarjetas de crédito** y digitalizaran su gestión financiera sin incurrir en altos costos. Al ofrecer una solución accesible, Square no solo impulsó la **inclusión financiera** de pequeños comerciantes, sino que también revolucionó el sector Fintech al demostrar cómo la **tecnología** puede transformar la manera en que las empresas gestionan sus operaciones diarias. Según Ahmed (2018), el impacto de Square en el mercado de pagos digitales es un ejemplo de cómo las innovaciones tecnológicas pueden mejorar la competitividad y facilitar el acceso a herramientas avanzadas para empresas de todos los tamaños.

Estudio de Caso 2: Ciberataque a Equifax

En **2017**, la agencia de crédito **Equifax** sufrió un ciberataque que comprometió los **datos personales y financieros** de más de **140 millones de personas**. Este ataque se convirtió en uno de los mayores **incidentes de ciberseguridad** de la historia, exponiendo información sensible como **números de la seguridad social, direcciones**, y **datos bancarios**. La magnitud de la brecha resaltó la necesidad de contar con **sistemas de ciberseguridad robustos** y **medidas de compliance** adecuadas para proteger los datos de los consumidores.

Brechas de seguridad y vulnerabilidades:

El ataque a Equifax fue posible debido a una **vulnerabilidad** en el software Apache Struts, que no había sido corregida a tiempo mediante una **actualización de seguridad**. Aunque la empresa estaba al tanto de la vulnerabilidad, no actuó de manera rápida ni efectiva para mitigar el riesgo, lo que permitió a los ciberdelincuentes acceder a la base de datos y extraer información crítica. Según Fernandes et al. (2014), la falta de aplicación de **parches de seguridad** en tiempo oportuno es una de las causas más comunes de brechas de seguridad en grandes empresas, que a menudo subestiman la importancia de mantener sus sistemas actualizados.

- **Falta de compliance y medidas preventivas:** Además de no haber implementado las actualizaciones de seguridad necesarias, Equifax también carecía de medidas adecuadas de **compliance** y de **monitoreo continuo** de sus sistemas. El ataque pasó desapercibido durante varias semanas, lo que permitió que se filtraran cantidades masivas de datos sin ser detectado. Ahmed (2018) subraya que el cumplimiento de normativas de seguridad, como el **Reglamento General de Protección de Datos (GDPR)** y los estándares **PCI DSS**, es fundamental para garantizar que las empresas implementen prácticas de seguridad adecuadas para proteger los datos sensibles de sus usuarios.

- **Daños financieros y reputacionales:** Las consecuencias del ataque a Equifax fueron devastadoras tanto en términos financieros como reputacionales. La empresa enfrentó numerosas demandas colectivas y sanciones regulatorias, y tuvo que gastar cientos de millones de dólares en **compensaciones** y medidas de reparación. A largo plazo, la **confianza de los consumidores** en la capacidad de Equifax para proteger sus datos se vio gravemente afectada, lo que impactó negativamente su reputación en el sector. Según Brigham y Houston (2021), los ciberataques no solo representan un riesgo financiero directo, sino que también pueden causar un **daño reputacional** irreparable que afecta la viabilidad a largo plazo de una empresa.

Lecciones aprendidas del ataque a Equifax:

El ciberataque a Equifax destaca la importancia de implementar **sistemas de ciberseguridad robustos**, actualizaciones de seguridad puntuales, y **protocolos de compliance** estrictos para evitar la exposición de datos sensibles. La negligencia en la **gestión de riesgos** y la falta de una **respuesta rápida** ante vulnerabilidades pueden provocar brechas de seguridad catastróficas con consecuencias a largo plazo para la empresa y sus clientes.

A lo largo de este capítulo, hemos explorado cómo la tecnología está revolucionando las finanzas empresariales, desde las herramientas fintech hasta la ciberseguridad financiera. Las conclusiones nos muestran que, si bien la innovación ofrece oportunidades extraordinarias, también es vital abordar los riesgos que surgen con la digitalización. Al cerrar este capítulo, comprenderás cómo equilibrar ambos aspectos para que tu negocio no solo crezca, sino que lo haga de manera segura y sostenible. La tecnología es el futuro, pero solo si se maneja con cuidado y estrategia.

Conclusiones del Capítulo

El avance de las **tecnologías Fintech** está revolucionando la manera en que las empresas gestionan sus finanzas, ofreciendo herramientas que han transformado procesos tradicionales en sistemas más eficientes, precisos y escalables. La **automatización**, el **análisis basado en inteligencia artificial (IA)** y las **plataformas de pagos digitales** permiten a las empresas gestionar sus finanzas con mayor agilidad y precisión, optimizando recursos y mejorando la toma de decisiones. Este desarrollo ha abierto nuevas posibilidades, desde la simplificación de tareas contables y fiscales, hasta la capacidad de analizar grandes volúmenes de datos financieros en tiempo real, lo que permite a las organizaciones anticiparse a problemas, identificar oportunidades de crecimiento y tomar decisiones más informadas.

La **automatización financiera** es uno de los mayores beneficios que las tecnologías Fintech han traído al mundo empresarial. A través de la automatización de tareas rutinarias, como la facturación, la conciliación bancaria y el procesamiento de pagos, las empresas pueden reducir el margen de error humano y liberar tiempo y recursos que pueden destinarse a tareas más estratégicas. La capacidad de procesar grandes cantidades de transacciones de manera rápida y sin fallos mejora la eficiencia operativa, lo que a su vez impacta positivamente en la productividad general. Además, la automatización facilita el cumplimiento normativo, ya que reduce el riesgo de errores en los informes financieros, y ayuda a las empresas a mantenerse al día con las regulaciones fiscales, que son cada vez más exigentes.

Otro avance clave impulsado por Fintech es el uso de **inteligencia artificial** y análisis de datos avanzados para optimizar la gestión financiera. Los algoritmos basados en IA permiten a las empresas realizar **análisis predictivos**, lo que les da la capacidad de prever futuros escenarios financieros y ajustar sus estrategias en consecuencia. Esto no solo mejora la planificación y la previsión financiera, sino que también permite a las empresas gestionar mejor sus riesgos. El análisis de grandes volúmenes de datos también ayuda a identificar patrones ocultos en los flujos de ingresos y gastos, permitiendo a las organizaciones hacer ajustes en tiempo real para mejorar la eficiencia financiera. Las decisiones financieras ya no dependen exclusivamente de la intuición o la experiencia, sino que ahora se pueden fundamentar en datos precisos y análisis predictivos que mejoran la **toma de decisiones estratégicas**.

Las **plataformas de pagos digitales** también han transformado la forma en que las empresas realizan transacciones, ofreciendo métodos más rápidos, seguros y flexibles para recibir y hacer pagos. Estas plataformas permiten a las empresas simplificar los procesos de pago, eliminar barreras geográficas y reducir los costos asociados a las transferencias internacionales o los sistemas de pago tradicionales. Además, los pagos digitales facilitan una mejor

Inteligencia Financiera

experiencia del cliente, ya que los usuarios pueden realizar transacciones de manera rápida y segura, lo que contribuye a una mayor satisfacción y lealtad del cliente. Las plataformas de pagos digitales también proporcionan mayor transparencia y trazabilidad en las transacciones, lo que es crucial para la auditoría y el control financiero.

Sin embargo, junto con los innumerables beneficios de las tecnologías Fintech, surge un desafío cada vez más importante: la **ciberseguridad financiera**. A medida que más empresas adoptan tecnologías digitales para gestionar sus finanzas, el riesgo de ataques cibernéticos y violaciones de datos financieros ha aumentado considerablemente. Las amenazas cibernéticas, como el robo de información bancaria, fraudes en las plataformas de pago o ataques de ransomware, representan un peligro real para la estabilidad financiera de cualquier organización. Un ataque cibernético exitoso no solo puede comprometer los datos sensibles de una empresa, sino que también puede tener consecuencias devastadoras, como la pérdida de confianza por parte de los clientes, daños reputacionales, multas regulatorias y pérdidas financieras significativas.

Por esta razón, **implementar una estrategia sólida de ciberseguridad financiera** es fundamental para proteger los activos financieros de la empresa y garantizar su estabilidad a largo plazo. Esta estrategia debe incluir medidas como el **cifrado de datos**, la **autenticación de múltiples factores**, el uso de **firewalls avanzados** y la **monitorización constante** de las plataformas digitales para detectar posibles vulnerabilidades o intentos de ataque. También es esencial que las empresas adopten un enfoque proactivo en la

Inteligencia Financiera

formación y concienciación de sus empleados, ya que los errores humanos siguen siendo una de las principales causas de las brechas de seguridad. Asegurar que todo el equipo esté capacitado para reconocer amenazas y seguir los mejores protocolos de seguridad puede reducir significativamente el riesgo de ataques cibernéticos.

Además, las empresas deben mantenerse al día con las últimas tecnologías y normativas en materia de ciberseguridad, especialmente en un entorno que cambia tan rápidamente como el digital. Los ataques cibernéticos son cada vez más sofisticados, por lo que es fundamental que las empresas inviertan en sistemas de seguridad que puedan **adaptarse y evolucionar** frente a nuevas amenazas. El cumplimiento de las regulaciones, como el Reglamento General de Protección de Datos (GDPR) en Europa o la Ley de Privacidad del Consumidor de California (CCPA) en los Estados Unidos, es también crucial para evitar sanciones por incumplimiento y proteger los derechos de los clientes en cuanto a sus datos personales y financieros.

En conclusión, el avance de las **tecnologías Fintech** está transformando radicalmente la forma en que las empresas gestionan sus finanzas, aportando una mayor **eficiencia**, **precisión** y **escalabilidad** en sus operaciones. La **automatización**, el **análisis basado en IA** y las **plataformas de pagos digitales** están facilitando procesos financieros más rápidos y eficientes, permitiendo a las empresas tomar decisiones más informadas y responder a las demandas del mercado con mayor agilidad. Sin embargo, el uso de estas tecnologías también conlleva un aumento de las **amenazas cibernéticas**, lo que hace que la **ciberseguridad financiera** sea más importante que nunca. Implementar una estrategia robusta de seguridad digital es crucial para proteger los datos financieros, mantener la **confianza** de los clientes y asegurar la estabilidad financiera de la organización a largo plazo.

Antes de seguir adelante, es crucial hacer una pausa para compartir algunos consejos prácticos que te ayudarán a implementar las soluciones tecnológicas y de ciberseguridad en tu negocio. Aquí te ofreceremos recomendaciones claras y aplicables para que puedas integrar fintech de manera efectiva, al tiempo que proteges la información financiera crítica. Con estos consejos, estarás mejor preparado para aprovechar todo lo que la tecnología puede ofrecerte, sin caer en las trampas del mundo digital. La clave está en actuar de manera proactiva y estratégica.

Consejos y Recomendaciones
1. **Aprovecha las herramientas Fintech:** Explora diferentes soluciones tecnológicas para optimizar la gestión financiera de tu negocio y reducir errores humanos.
2. **Invierte en ciberseguridad:** Protege tu empresa con medidas como la autenticación de dos factores y la encriptación de datos.
3. **Capacita a tu equipo:** La seguridad depende también del comportamiento humano, por lo que es esencial que todo el personal esté informado sobre los riesgos cibernéticos.

Inteligencia Financiera

Con los consejos frescos en mente, ahora es momento de poner todo en práctica a través de ejercicios aplicados. Estos ejercicios te ayudarán a analizar las herramientas fintech disponibles, evaluar tus necesidades de ciberseguridad y crear un plan para integrar tecnología de manera segura en tus operaciones financieras. Al completar estos ejercicios, verás cómo puedes optimizar la gestión de tu empresa sin comprometer su seguridad, y cómo un enfoque proactivo puede prevenir problemas futuros. Porque, en el mundo financiero moderno, estar preparado es la mejor defensa.

Ejercicios Aplicados
1. **Automatiza un proceso financiero:** Identifica un proceso financiero que puedas automatizar (como la facturación o el seguimiento de pagos) e implementa una herramienta Fintech para hacerlo.
2. **Audita tu ciberseguridad:** Realiza una auditoría interna para identificar las debilidades en la seguridad de los sistemas financieros de tu empresa.
3. **Implementa medidas de ciberseguridad:** Si aún no lo has hecho, habilita la autenticación de dos factores en todas las cuentas financieras de tu empresa.

Después de practicar con los ejercicios, es hora de descubrir algunos trucos rápidos que harán que la integración de la tecnología financiera y la ciberseguridad sea aún más sencilla y eficaz. En esta sección, te compartiré tips prácticos para optimizar tus herramientas fintech y mantener siempre un alto nivel de seguridad en tus operaciones financieras. Estos pequeños ajustes te permitirán trabajar con mayor agilidad, reduciendo riesgos y maximizando los beneficios que la tecnología puede aportar a tu negocio.

Tips y Trucos

- **Integra tus herramientas financieras:** Utiliza software que se integre con otras plataformas para crear un flujo de trabajo más eficiente y coherente.

- **Revisa regularmente los informes de seguridad:** Supervisa los informes de vulnerabilidades en tus sistemas financieros para prevenir ataques cibernéticos.

Finalmente, si deseas seguir explorando el fascinante mundo de la tecnología y las finanzas, aquí tienes una lista de recursos adicionales que te ayudarán a seguir profundizando. Desde libros hasta herramientas especializadas en fintech y ciberseguridad, estos materiales te proporcionarán una base sólida para llevar tu negocio al siguiente nivel de innovación. Mantente siempre al día con las últimas tendencias y avances tecnológicos, porque en este entorno cambiante, el conocimiento y la preparación son tus mejores armas para asegurar el éxito y la protección de tu empresa. ¡El futuro financiero es ahora, y estos recursos te ayudarán a dominarlo!

Recursos Adicionales

- **Libros recomendados:** "Blockchain Basics" de Daniel Drescher, "FinTech: The Impact on Consumers, Banking, and Financial Services" de Susanne Chishti.

- **Cursos online:** "Fintech Foundations" en Coursera, "Cybersecurity for Business" en edX.

A lo largo de este viaje hemos explorado las finanzas empresariales desde múltiples ángulos, pero hay un aspecto clave que no podemos pasar por alto: las finanzas personales del emprendedor. Porque tu éxito empresarial está íntimamente ligado a tu estabilidad financiera personal. En este último capítulo, vamos a analizar cómo gestionar de manera inteligente tus finanzas personales mientras haces crecer tu negocio, desde la creación de un fondo de emergencia hasta la planificación de inversiones personales. Porque al final del día, la solidez financiera comienza en casa, y tu bienestar personal es el fundamento sobre el que se construye tu éxito empresarial.

"La tecnología, como el arte, es un ejercicio de imaginación aplicada." – **Daniel Bell**

Inteligencia Financiera

Capítulo 9

Finanzas Personales para Emprendedores

"El Equilibrio entre tus Finanzas Personales y Empresariales"

Uno de los mayores desafíos para los emprendedores es encontrar el **equilibrio adecuado** entre sus finanzas personales y las de su negocio. La sostenibilidad financiera integral no solo depende del éxito empresarial, sino también de la gestión inteligente de los recursos personales. Este capítulo abordará cómo **mantener las finanzas personales separadas de las empresariales**, y cómo construir un plan de ahorro e inversión personal que respalde tanto tu bienestar financiero como el crecimiento de tu negocio.

La Clave del Éxito Financiero Integral

Mantener una distinción clara entre las **finanzas personales** y las **finanzas empresariales** es uno de los pilares fundamentales del éxito financiero para los emprendedores. La confusión de fondos o la falta de control sobre ambas áreas puede generar una serie de problemas financieros que afecten la **estabilidad** tanto personal como empresarial. Además, una gestión deficiente de las finanzas puede derivar en dificultades a largo plazo, como la **mala asignación de recursos**, el uso indebido de **capital** y la **incapacidad** para enfrentar crisis. Separar estas finanzas no solo facilita una gestión más organizada, sino que también protege a los emprendedores de consecuencias legales y fiscales inesperadas.

1. Mantén las Finanzas Personales Separadas de las Empresariales

Una clara separación entre las finanzas personales y las del negocio no solo es una **buena práctica contable**, sino que también es esencial para la **protección legal** y financiera. La separación permite llevar un control preciso de los ingresos, gastos y **obligaciones fiscales**, además de proteger los **activos personales** en caso de que surjan problemas financieros dentro de la empresa.

Pasos para separar las finanzas personales y empresariales:

- **Abrir cuentas bancarias separadas:** El primer paso para mantener esta distinción es abrir **cuentas bancarias diferentes** para tus finanzas personales y las de tu empresa. Este simple acto facilita el seguimiento del **flujo de caja** de ambas áreas, asegurando que los **ingresos empresariales** se gestionen correctamente y que las **finanzas personales** no interfieran con el desempeño del negocio. Según Brigham y Houston (2021), mantener cuentas separadas es esencial para asegurar la **transparencia financiera** y evitar problemas fiscales relacionados con la **mezcla de fondos**.

- **Establecer un salario para ti mismo:** Muchos emprendedores, al estar profundamente involucrados en sus negocios, tienden a retirar dinero de manera **irregular** para cubrir sus necesidades personales. Sin embargo, es crucial establecer un **salario fijo** para ti mismo, como si fueras un empleado más de la empresa. Este enfoque no solo te proporciona una **estabilidad financiera personal**, sino que también garantiza que los **recursos del negocio** se gestionen de manera más eficiente y sostenible. Ahmed (2018) destaca que fijar un salario evita la erosión del **capital empresarial**, lo que permite a la empresa mantener un flujo de caja saludable y prepararse para inversiones o imprevistos.

- **Evitar préstamos entre cuentas:** Uno de los errores más comunes entre emprendedores es utilizar **fondos empresariales** para cubrir gastos personales y viceversa. Aunque puede ser tentador recurrir al capital del negocio en tiempos de necesidad, esta práctica puede comprometer tanto la **liquidez** empresarial como la **estabilidad** personal. Si tu empresa enfrenta dificultades financieras, es preferible buscar **financiación externa** (como préstamos empresariales o inversión) en lugar de utilizar los **fondos personales** o retirar dinero del negocio sin planificación. Fernandes et al. (2014) subrayan la importancia de mantener una línea clara entre las finanzas personales y las del negocio para evitar complicaciones fiscales y financieras que puedan afectar el crecimiento empresarial.

2. Controla el Flujo de Caja Personal

Así como la gestión del flujo de caja es crítica para el éxito de un negocio, también es fundamental aplicar los mismos principios a la **vida personal** del emprendedor. Mantener un **flujo de caja personal positivo** ayuda a asegurar que las finanzas personales estén en buena salud, proporcionando un **colchón financiero** que permita enfrentar emergencias, hacer inversiones estratégicas o cubrir períodos de baja rentabilidad en el negocio. Un emprendedor con una **base financiera sólida** tiene más libertad para **tomar decisiones empresariales** sin preocuparse constantemente por su situación personal.

Estrategias para un flujo de caja personal positivo:

- **Establecer un presupuesto personal:** Un presupuesto personal detallado permite controlar los **ingresos** y **gastos** de manera eficaz, identificando áreas donde se puedan hacer ajustes para aumentar el ahorro. Crear un presupuesto te permite asegurar que siempre estás destinando una parte de tus ingresos a **ahorros personales** y al **fondo de emergencia**, proporcionando una estabilidad financiera a largo plazo. Brigham y Houston (2021) enfatizan que un **presupuesto personal bien diseñado** no solo ayuda a equilibrar las finanzas cotidianas, sino que también permite hacer frente a **gastos imprevistos** sin comprometer la estabilidad financiera personal.

- **Fondo de emergencia:** Tener un **fondo de emergencia** que cubra al menos **seis meses de gastos personales** es esencial para enfrentar situaciones imprevistas, como emergencias de salud o períodos de baja rentabilidad en tu negocio. Este fondo actúa como una **red de seguridad** que te permite continuar cubriendo tus necesidades sin tener que recurrir a los **fondos del negocio** o incurrir en **deudas innecesarias**. Ahmed (2018) sugiere que el establecimiento de un fondo de emergencia no solo proporciona tranquilidad financiera, sino que también permite a los emprendedores **responder de manera estratégica** a las fluctuaciones del mercado o crisis empresariales, sin comprometer su estabilidad personal.

- **Revisar tus hábitos financieros regularmente:** Evaluar tu situación financiera personal de manera **regular** es clave para asegurarte de que estás avanzando hacia tus metas y que sigues en el **camino correcto**. Una revisión trimestral de tus **ingresos**, **gastos** y **ahorros** te permitirá ajustar tu presupuesto personal si es necesario y asegurarte de que mantienes un **equilibrio financiero saludable**. Según Fernandes et al. (2014), la **revisión periódica** de los hábitos financieros permite corregir desviaciones a tiempo, lo que aumenta la probabilidad de éxito tanto en el ámbito personal como en el empresarial.

Lograr un equilibrio entre las finanzas personales y empresariales es la base para un éxito financiero integral. Pero este equilibrio no ocurre de manera automática, requiere planificación y disciplina. Ahora que entiendes la importancia de mantener ambas áreas en armonía, el siguiente paso es aprender cómo crear un plan de ahorro e inversión personal. En esta sección, te mostraré cómo establecer objetivos financieros sólidos y las estrategias para construir un futuro financiero estable, sin importar los desafíos que enfrentes en tu vida empresarial. Porque cuidar de tus finanzas personales es esencial para asegurar tu bienestar a largo plazo.

Cómo Crear un Plan de Ahorro e Inversión Personal

Un **plan de ahorro e inversión personal** bien diseñado no solo asegura tu futuro financiero, sino que también te permite aprovechar **oportunidades** para respaldar el crecimiento de tu negocio sin comprometer tu **seguridad personal**. Para los emprendedores, pensar a **largo plazo** es esencial, dado que los negocios pueden enfrentar **altibajos** inesperados. Tener un plan financiero personal sólido te proporciona una **red de seguridad** y te ayuda a **mitigar los riesgos** asociados con la volatilidad empresarial.

1. Establecer Metas Financieras Personales Claras

El primer paso en la creación de un plan de ahorro e inversión es definir **metas financieras personales claras**. Estas metas proporcionan un **rumbo** para tu estrategia de ahorro e inversión, y deben incluir objetivos tanto de **corto plazo** como de **largo plazo**, dependiendo de tus necesidades y aspiraciones personales. Al establecer metas claras, es más fácil asignar recursos de manera eficiente y mantener el enfoque en el logro de objetivos financieros específicos.

Tipos de metas financieras:

- **Corto plazo (1-3 años):** Los objetivos a corto plazo generalmente incluyen la **eliminación de deudas**, la creación de un **fondo de emergencia**, o el ahorro para compras específicas, como **viajes** o **compras importantes**. Según Brigham y Houston (2021), tener una reserva de liquidez para cubrir necesidades inmediatas es fundamental para mantener la estabilidad personal y reducir la dependencia de créditos o préstamos de última hora.

- **Mediano plazo (3-10 años):** En este rango, las metas suelen incluir el ahorro para la **compra de una propiedad**, la **inversión en bienes raíces** o la financiación de la **educación de los hijos**. Estos objetivos requieren una planificación financiera más robusta y una **diversificación** en las fuentes de ahorro e inversión. Fernandes et al. (2014) destacan que los objetivos de mediano plazo pueden beneficiarse de inversiones en **instrumentos mixtos**, como fondos de inversión que combinen **renta fija** y **renta variable** para equilibrar el riesgo.

- **Largo plazo (10+ años):** Las metas de largo plazo incluyen la **planificación para la jubilación** y la **acumulación de riqueza** a través de inversiones a largo plazo. Es vital comenzar a **contribuir regularmente** hacia la jubilación tan pronto como sea posible, maximizando los beneficios de la **capitalización compuesta**. Ahmed (2018) subraya que los emprendedores, al no contar con un plan de jubilación tradicional, deben ser especialmente proactivos en la planificación a largo plazo, ya que esto determinará su calidad de vida después de la vida empresarial.

2. Diversificación de Inversiones

Una de las claves para gestionar tus ahorros e inversiones con éxito es la **diversificación**. El principio básico de la diversificación es no poner todos los recursos en una sola inversión o tipo de activo, lo que ayuda a **mitigar el riesgo** y aumentar las probabilidades de obtener buenos rendimientos a largo plazo. Para los emprendedores, es crucial no concentrar todo el **capital en su propio negocio**, ya que esto puede generar un alto nivel de **dependencia** de los ingresos empresariales.

Estrategias de diversificación de inversiones:

- **Inversiones en mercados financieros:** Los **mercados financieros** ofrecen una amplia gama de instrumentos, como **acciones**, **bonos** y **fondos de inversión**, que pueden proporcionar rentabilidad y **crecimiento de capital** a lo largo del tiempo. Las acciones, aunque volátiles a corto plazo, tienden a **apreciarse** en el largo plazo, mientras que los bonos ofrecen estabilidad y rendimientos más predecibles. Ahmed (2018) sugiere que una cartera equilibrada de acciones y bonos es esencial para mantener la diversificación adecuada y generar ingresos sin asumir un riesgo excesivo.

- **Inversiones inmobiliarias:** La compra de **bienes raíces** es otra estrategia efectiva para diversificar. Las propiedades suelen **apreciarse con el tiempo** y pueden generar **ingresos pasivos** a través de **alquileres**. Además, la inversión en bienes inmuebles puede actuar como un activo tangible y relativamente seguro frente a las fluctuaciones del mercado financiero. Brigham y Houston (2021) destacan que los bienes raíces son una opción común para quienes buscan inversiones a largo plazo con un perfil de riesgo moderado.

- **Inversiones en el propio negocio:** Aunque es esencial diversificar, **reinvertir** una parte de las **utilidades empresariales** en el negocio puede ser una estrategia efectiva, siempre y cuando esté bien planificada y no comprometa tu **estabilidad financiera personal**. Fernandes et al. (2014) señalan que los emprendedores deben evaluar cuidadosamente las **oportunidades de reinversión** y asegurarse de que cualquier capital adicional invertido en el negocio esté respaldado por una **estrategia clara de crecimiento**.

3. Ahorro para la Jubilación

Uno de los mayores desafíos para los emprendedores es la **planificación para la jubilación**. A diferencia de los empleados que pueden tener acceso a **planes de pensiones corporativos**, los emprendedores deben ser proactivos y crear sus propios **fondos de retiro**. Iniciar un **plan de ahorro para la jubilación** temprano en la carrera empresarial garantiza que puedas disfrutar de una **vida financieramente segura** después de la vida laboral.

Opciones de ahorro para la jubilación:

- **Planes de pensiones personales:** Dependiendo del país de residencia, los **planes de pensiones privados** pueden ofrecer incentivos fiscales que hacen del ahorro para la jubilación una opción atractiva. Estos planes permiten a los emprendedores ahorrar de manera regular y aprovechar **deducciones fiscales**. Ahmed (2018) sugiere que los emprendedores deben explorar las **opciones fiscales** disponibles en sus jurisdicciones para maximizar las ventajas de los planes de pensiones.

- **Cuentas de ahorro a largo plazo (IRA, 401(k), etc.):** En muchos países, existen cuentas especiales diseñadas para la jubilación que permiten **inversiones fiscales diferidas**. Por ejemplo, en los Estados Unidos, las **IRA (Individual Retirement Accounts)** y los **401(k)** permiten a los contribuyentes ahorrar para la jubilación mientras reducen su carga fiscal anual. Brigham y Houston (2021) recomiendan aprovechar estas cuentas de ahorro a largo plazo, ya que proporcionan un **vehículo eficiente** para el crecimiento de los fondos de jubilación.

- **Renta vitalicia:** Las **rentas vitalicias** son instrumentos financieros que te garantizan un ingreso regular durante la jubilación a cambio de una inversión inicial. Aunque las **rentas vitalicias** pueden no generar grandes retornos en comparación con otros vehículos de inversión, ofrecen **seguridad y estabilidad** a largo plazo, lo que es especialmente valioso para aquellos que desean garantizar un flujo de ingresos constante después de retirarse. Fernandes et al. (2014) sugieren que los emprendedores consideren las rentas vitalicias como una opción complementaria dentro de su estrategia de jubilación, especialmente si valoran la **seguridad** por encima del rendimiento.

Saber cómo ahorrar e invertir es crucial, pero lo que realmente marcará la diferencia es cómo aplicas ese conocimiento a tu situación particular. En la siguiente sección, te compartiré ejemplos prácticos que ilustran cómo los emprendedores han creado planes de ahorro e inversión efectivos, incluso mientras gestionaban las demandas de su negocio. Estos ejemplos te permitirán ver cómo, con disciplina y visión, es posible construir una base financiera personal sólida, lo que a su vez fortalece tu capacidad para enfrentar los retos empresariales con mayor tranquilidad y confianza.

Ejemplos Prácticos

La implementación de buenas prácticas en la gestión financiera personal y empresarial puede marcar una gran diferencia en la **estabilidad** y el **crecimiento** de ambas áreas. Los siguientes ejemplos ilustran cómo la **separación de finanzas** y la **diversificación de inversiones** pueden mejorar el control financiero y reducir riesgos, proporcionando un **colchón de seguridad** tanto para la vida personal como para el negocio.

Ejemplo 1: Separación de Finanzas Personales y Empresariales

Javier, dueño de una **pequeña agencia de marketing**, enfrentó dificultades para gestionar sus finanzas durante los primeros dos años de su negocio. Al utilizar una **cuenta bancaria personal** para gestionar tanto los gastos del negocio como los personales, Javier experimentaba una **confusión constante** en sus registros financieros. Esta mezcla de fondos le impedía tener una visión clara del **rendimiento real** de su empresa y también complicaba el cumplimiento de sus **obligaciones fiscales**.

Estrategia Implementada:

Javier decidió abrir **cuentas bancarias separadas** para sus finanzas personales y empresariales. Además, se estableció un **salario fijo** mensual, lo que le permitió tener un

ingreso personal predecible sin necesidad de retirar dinero del negocio de forma arbitraria. Esta separación no solo facilitó la **gestión del flujo de caja** de su empresa, sino que también mejoró su **control sobre los gastos personales**. Según Ahmed (2018), la separación de las finanzas personales y empresariales es crucial para obtener una imagen clara de la **salud financiera** del negocio, y permite al empresario **tomar decisiones informadas** basadas en datos financieros precisos.

Resultados:

Con cuentas separadas, Javier pudo obtener una visión más clara del **rendimiento financiero** de su empresa y del estado de sus finanzas personales. Esto le permitió hacer **proyecciones de flujo de caja** más precisas, cumplir con sus **obligaciones fiscales** de manera más eficiente, y evitar el uso inadecuado de los fondos empresariales para gastos personales. Además, su **estabilidad financiera personal** mejoró significativamente al contar con un ingreso fijo, lo que le brindó mayor tranquilidad y le permitió planificar mejor sus **finanzas familiares**.

Ejemplo 2: Diversificación de Inversiones para Emprendedores

Carla, una emprendedora en el sector de la moda, tuvo un **éxito inicial** en su negocio que le permitió generar **ingresos significativos** en sus primeros cinco años de operación. Sin embargo, Carla sabía que depender únicamente de su negocio podía ser arriesgado, especialmente en una industria volátil como la moda. Para **proteger su**

patrimonio y asegurar un flujo de ingresos constante, decidió **diversificar** sus inversiones personales.

Estrategia Implementada:

Carla destinó un **20 % de sus ingresos personales** a la compra de **acciones** y **bonos**, aprovechando los mercados financieros para generar **crecimiento a largo plazo**. Además, decidió invertir otro **10 %** en la compra de un **pequeño inmueble** con fines de alquiler, lo que le proporcionó una **fuente de ingresos pasivos**. De esta manera, Carla diversificó sus inversiones en **activos financieros** e **inmobiliarios**, reduciendo la dependencia de los ingresos generados exclusivamente por su negocio de moda.

- **Inversiones en mercados financieros:** Carla optó por una cartera de **acciones y bonos**, equilibrando el riesgo con la **estabilidad de los bonos** y el **potencial de crecimiento** de las acciones. Según Brigham y Houston (2021), esta estrategia de inversión mixta es ideal para quienes buscan obtener beneficios a largo plazo mientras mitigan el riesgo de la volatilidad del mercado.

- **Inversiones inmobiliarias:** La compra de una propiedad le permitió a Carla no solo diversificar su cartera, sino también generar un flujo de **ingresos pasivos** a través del alquiler, un activo que tiende a apreciarse con el tiempo. Ahmed (2018) señala que las inversiones inmobiliarias son una excelente forma de **proteger el capital** y generar rentabilidad a largo plazo, especialmente para emprendedores que buscan fuentes de ingresos adicionales.

Resultados:

Gracias a la **diversificación de sus inversiones**, Carla logró generar **ingresos adicionales** y reducir el **riesgo** de depender exclusivamente del éxito de su negocio de moda. Las **acciones y bonos** le proporcionaron una fuente de crecimiento financiero a largo plazo, mientras que el **alquiler de su propiedad** le ofreció un flujo de efectivo constante. Esta estrategia de diversificación no solo fortaleció su **seguridad financiera personal**, sino que también le permitió reinvertir en su negocio cuando fue necesario, sin comprometer su **estabilidad financiera**.

Después de explorar ejemplos prácticos, es hora de ver cómo otros emprendedores han gestionado con éxito sus finanzas personales mientras lideraban sus empresas. En esta sección, analizaremos estudios de caso reales donde los empresarios equilibraron sus objetivos personales con las demandas de su negocio. Verás cómo planificaron, ahorraron e invirtieron para asegurar su estabilidad financiera, a la vez que continuaban impulsando el crecimiento de sus empresas. Estos estudios no solo te inspirarán, sino que te ofrecerán lecciones valiosas sobre cómo tomar decisiones financieras sabias en tu propia vida.

Estudios de Caso Reales

Los casos de **Warren Buffett** y **Elon Musk** destacan dos enfoques contrastantes en la gestión financiera personal y empresarial, mostrando cómo la **diversificación** y la **reinversión personal** pueden impactar el crecimiento y la estabilidad financiera de los emprendedores. Ambos son ejemplos de éxito, pero con enfoques y niveles de riesgo muy distintos.

Estudio de Caso 1: Warren Buffett y la Diversificación de Inversiones

Warren Buffett, uno de los inversionistas más exitosos y respetados a nivel mundial, ha seguido un enfoque de **inversión a largo plazo** basado en la **diversificación** y el análisis profundo de cada empresa antes de invertir. Como CEO de **Berkshire Hathaway**, Buffett ha construido un imperio financiero a través de inversiones en **acciones** de diversas industrias, manteniendo un **portafolio diversificado** que incluye sectores como la tecnología, la energía, los bienes de consumo y los servicios financieros. A pesar de su papel central en la empresa, Buffett ha mantenido una clara **separación entre sus finanzas personales y las de Berkshire Hathaway**, lo que le ha permitido gestionar el riesgo de manera eficaz.

Estrategia de Diversificación Implementada:

Buffett es conocido por su aversión a la **diversificación excesiva**, pero reconoce la importancia de no concentrar todo el capital en un solo sector o tipo de activo. Aunque gran parte de su riqueza proviene de inversiones en **acciones**, ha diversificado sus inversiones en diferentes **industrias** y **sectores**. Por ejemplo, sus participaciones en **Coca-Cola, Apple** y **Bank of America** abarcan **diferentes tipos de negocios**, lo que reduce su exposición a los riesgos de una sola industria.

- **Inversiones en diversas industrias:** Buffett ha mantenido un enfoque en empresas que, según su análisis, ofrecen **valor a largo plazo**. A través de Berkshire Hathaway, ha invertido en compañías de sectores tan diversos como el consumo masivo (Coca-Cola), la tecnología (Apple) y los seguros (GEICO). Esta estrategia le ha permitido aprovechar el crecimiento de diferentes mercados y **minimizar riesgos** asociados con la concentración excesiva de capital.

- **Separación de finanzas personales y empresariales:** A pesar de ser el CEO y principal accionista de Berkshire Hathaway, Buffett ha mantenido una separación clara entre las finanzas de la empresa y sus **finanzas personales**. Nunca ha retirado grandes sumas de dinero de la empresa para uso personal, y vive de manera frugal, manteniendo una **disciplina financiera** personal que ha sido clave para su éxito a largo plazo. Ahmed (2018) subraya que la separación de finanzas personales y empresariales es esencial para que los emprendedores eviten la confusión de fondos y mantengan una gestión financiera clara y ordenada.

Resultados:

El enfoque de **diversificación estratégica** de Buffett ha demostrado ser extremadamente eficaz. La diversificación en múltiples sectores ha permitido que su portafolio se mantenga sólido durante **crisis económicas** y fluctuaciones del mercado. Además, su capacidad para mantener una separación estricta entre sus finanzas personales y las de Berkshire Hathaway le ha permitido actuar con **prudencia**, evitando los riesgos de depender exclusivamente de los ingresos de la empresa. Según Brigham y Houston (2021), la diversificación y la gestión prudente de las finanzas personales son esenciales para los emprendedores que buscan **crecimiento sostenible** sin comprometer su estabilidad.

Estudio de Caso 2: Elon Musk y la Reinversión Personal en sus Negocios

Elon Musk, fundador de empresas como **Tesla** y **SpaceX**, es un ejemplo extremo de cómo los emprendedores pueden reinvertir agresivamente en sus propios negocios. Musk ha sido conocido por su disposición a **arriesgar** su **fortuna personal** para financiar el desarrollo de sus compañías, una estrategia que le ha permitido alcanzar un éxito extraordinario, pero que también lo ha expuesto a altos niveles de riesgo financiero.

Estrategia de Reinversión Implementada:

A lo largo de su carrera, Musk ha demostrado una **disposición inusual** a reinvertir casi todo su **capital personal** en sus empresas, llegando incluso a hipotecar propiedades personales para asegurar el financiamiento necesario para proyectos clave. En varias ocasiones, ha utilizado sus propios **fondos personales** para mantener a flote Tesla y SpaceX cuando enfrentaban desafíos financieros, con el fin de evitar la quiebra o el fracaso de los proyectos. Según Ahmed (2018), esta estrategia de **reinversión agresiva** puede ser muy efectiva si las empresas logran alcanzar el éxito, pero también puede poner en peligro la estabilidad personal del emprendedor si las cosas no salen según lo planeado.

- **Reinversión en momentos críticos:** Uno de los momentos más notables fue en 2008, cuando tanto **Tesla** como **SpaceX** estaban al borde del colapso financiero. Musk decidió invertir su propio dinero para asegurar que ambas empresas tuvieran los recursos necesarios para continuar operando. Este enfoque le permitió mantener el control sobre las empresas y llevarlas al éxito, pero también lo dejó con una **situación financiera personal crítica**, con muy poco dinero líquido para su vida diaria.

- **Riesgos de no diversificar:** Aunque Musk ha tenido éxito en sus emprendimientos, su estrategia de **concentrar la mayor parte de su riqueza** en sus propias empresas lo ha dejado vulnerable en varias ocasiones. Durante los primeros años de Tesla y SpaceX, cualquier **fracaso** en una de las empresas podría haber llevado a la **pérdida completa** de su fortuna personal. Fernandes et al. (2014) advierten que la falta de diversificación, especialmente en industrias de alto riesgo como la tecnología y la exploración espacial, puede exponer a los emprendedores a niveles innecesarios de **incertidumbre financiera**.

Resultados:

El enfoque de **reinversión personal extrema** de Musk le ha permitido llevar a **Tesla** y **SpaceX** a convertirse en gigantes globales, pero no sin enfrentar graves riesgos financieros en el camino. Aunque Musk ha logrado evitar el colapso financiero personal gracias al eventual éxito de sus empresas, su estrategia también demuestra los peligros de **no diversificar**. A diferencia de Warren Buffett, Musk ha dependido casi exclusivamente del éxito de sus empresas, lo que le ha generado períodos de **gran inestabilidad financiera**. Según Brigham y Houston (2021), la reinversión es una herramienta poderosa para los emprendedores, pero debe manejarse con **cautela** y, preferiblemente, junto con una estrategia de **diversificación** para evitar el riesgo de depender exclusivamente de una fuente de ingresos.

Los ejemplos y estudios de caso que hemos visto demuestran que un emprendedor no solo debe enfocarse en el éxito de su negocio, sino también en su estabilidad financiera personal. Al concluir este capítulo, queda claro que gestionar adecuadamente tus finanzas personales no solo te proporciona seguridad, sino que también te convierte en un mejor líder empresarial. Reflexionaremos sobre las claves para mantener este equilibrio y cómo cada paso hacia la planificación personal impacta directamente en tu capacidad para manejar los desafíos del negocio. El éxito integral empieza con la claridad en tus propias finanzas.

Conclusiones del Capítulo

La **gestión efectiva de las finanzas personales y empresariales** es un pilar fundamental para alcanzar el **éxito financiero integral** de cualquier emprendedor. Mantener un control claro y disciplinado sobre ambas áreas no solo asegura la **estabilidad económica** en el presente, sino que también sienta las bases para un crecimiento sostenible a largo plazo, tanto en la vida personal como en el ámbito empresarial. Los emprendedores que logran gestionar de manera eficiente sus finanzas personales y las de su negocio, manteniéndolas separadas y organizadas, están mejor posicionados para enfrentar los desafíos financieros que puedan surgir en el camino y garantizar la **seguridad financiera** para su futuro.

Uno de los primeros principios clave es **mantener las finanzas personales y empresariales separadas**. Muchos emprendedores, especialmente en las primeras etapas de su negocio, caen en la tentación de mezclar los fondos personales con los de la empresa, lo que puede generar confusión y dificultar la gestión adecuada de ambas áreas. Al mantener estas finanzas claramente diferenciadas, se facilita el seguimiento de los ingresos, los gastos y las inversiones de la empresa, lo que ayuda a mejorar la toma de decisiones estratégicas. Además, separar las cuentas personales de las cuentas empresariales permite un mejor control del flujo de efectivo, facilita el cumplimiento de las obligaciones fiscales y

Inteligencia Financiera

reduce el riesgo de comprometer las finanzas personales si el negocio enfrenta dificultades. Esta distinción es clave para proteger la **solvencia personal** y asegurarse de que la empresa se gestione como una entidad independiente, con su propia estructura financiera.

Otra pieza fundamental para el éxito financiero de un emprendedor es la creación de un **plan de ahorro e inversión personal**. Al igual que en la empresa, donde se requiere planificación para el crecimiento, los emprendedores deben diseñar un plan financiero para asegurar su bienestar personal a largo plazo. Esto incluye no solo ahorrar una parte de los ingresos personales, sino también diversificar las inversiones en diferentes activos que proporcionen estabilidad y crecimiento a lo largo del tiempo. Al diversificar las inversiones, los emprendedores pueden proteger su capital contra la volatilidad de los mercados y asegurar un flujo de ingresos complementario que no dependa exclusivamente del éxito del negocio. Las inversiones pueden incluir activos financieros tradicionales, como acciones y bonos, o incluso inversiones en bienes raíces, startups u otros proyectos que ofrezcan oportunidades de crecimiento a largo plazo.

Establecer metas financieras claras es otro paso crucial para garantizar la **estabilidad y el éxito financiero**. Tener objetivos financieros bien definidos, tanto en el ámbito personal como en el empresarial, proporciona una dirección clara y ayuda a tomar decisiones más informadas. Estas metas deben incluir objetivos a corto, mediano y largo plazo, como la creación de un fondo de emergencia, la expansión de la empresa, la compra de activos importantes, y, a nivel personal, la planificación para la educación de los hijos o la compra de una vivienda. Al establecer metas claras, los emprendedores pueden asignar recursos de manera estratégica y ajustar sus planes financieros a medida que avanzan hacia el cumplimiento de esos objetivos. Este enfoque no solo proporciona **claridad y control**, sino que también ayuda a evitar gastos innecesarios y a maximizar el uso del capital disponible.

Además de las metas financieras a corto plazo, es vital **planificar para la jubilación** desde una etapa temprana. Muchos emprendedores, centrados en el crecimiento de su negocio, posponen la planificación de su retiro, asumiendo que tendrán tiempo para ello más adelante. Sin embargo, planificar con anticipación es esencial para garantizar que, una vez que decidan retirarse, tengan los recursos financieros necesarios para mantener su nivel de vida sin depender exclusivamente de los ingresos de la empresa. Existen múltiples opciones de planes de retiro, como cuentas individuales de jubilación (IRA), 401(k) o planes de pensiones privados, que ofrecen ventajas fiscales y permiten a los emprendedores acumular un ahorro considerable a lo largo del tiempo. Al contribuir regularmente a un plan de jubilación, los emprendedores no solo aseguran su **bienestar financiero** en el futuro, sino que también reducen la presión de tener que mantener su negocio en funcionamiento indefinidamente.

La **diversificación de las inversiones**, tanto en el ámbito personal como en el empresarial, es una estrategia crucial para mitigar los riesgos financieros y garantizar un crecimiento sostenido. En el ámbito empresarial, esto puede significar diversificar las fuentes de ingresos, expandirse a nuevos mercados o lanzar nuevos productos que reduzcan la dependencia de un único flujo de ingresos. En el ámbito personal, diversificar las inversiones protege el capital contra la volatilidad y los riesgos inherentes a cualquier activo o mercado específico. Los emprendedores que diversifican sus inversiones personales pueden construir un **portafolio equilibrado** que les permita enfrentar los altibajos financieros, mientras que, en su negocio, la diversificación les proporciona una mayor resiliencia y capacidad para adaptarse a los cambios en el entorno económico.

En resumen, la **gestión efectiva de las finanzas personales y empresariales** es esencial para que los emprendedores logren un **éxito financiero integral**. Mantener las finanzas separadas, crear un plan de ahorro e inversión personal y establecer metas financieras claras proporcionan la estructura necesaria para garantizar la estabilidad y el crecimiento tanto en la vida personal como en el negocio. Asimismo, la planificación para la jubilación desde una etapa temprana y la diversificación de las inversiones permiten a los emprendedores **proteger su bienestar financiero** a largo plazo. Al tomar un enfoque estratégico y disciplinado en la gestión de sus finanzas, los emprendedores pueden no solo asegurar el crecimiento sostenible de su empresa, sino también garantizar que su futuro financiero esté protegido, sin importar los desafíos que puedan surgir en el camino.

Antes de avanzar, quiero compartir algunos consejos prácticos que te ayudarán a llevar a cabo lo aprendido sobre la gestión de tus finanzas personales como emprendedor. Estos consejos te permitirán tomar decisiones más inteligentes con tu dinero, desde cómo ahorrar de manera constante hasta cómo invertir de forma segura para generar un patrimonio que te respalde a ti y a tu empresa. Recuerda, tus finanzas personales y las de tu negocio están interconectadas, y cuidar de ambas es la clave para lograr un éxito financiero integral. Con estos consejos, estarás mejor preparado para tomar control de tu futuro económico.

Consejos y Recomendaciones
1. **Crea cuentas separadas:** Asegúrate de mantener una separación clara entre tus finanzas personales y empresariales.
2. **Diversifica tus inversiones:** No pongas todos tus recursos financieros en un solo activo o negocio; diversificar te protegerá de riesgos innecesarios.
3. **Planifica para el futuro:** No descuides tu jubilación. Ahorra e invierte a largo plazo para garantizar tu seguridad financiera personal.

Con los consejos en mente, es hora de poner en práctica lo aprendido a través de ejercicios aplicados. Estos ejercicios te ayudarán a evaluar tu situación financiera personal, a identificar oportunidades de ahorro y a establecer un plan de inversión acorde con tus metas. Al realizar estos ejercicios, verás cómo aplicar los conceptos de manera tangible y comenzarás a construir una estrategia que garantice tanto tu estabilidad personal como el crecimiento de tu negocio. Porque la teoría es importante, pero la verdadera transformación comienza cuando llevas esos principios a la acción.

Ejercicios Aplicados
1. **Crea un presupuesto personal:** Analiza tus ingresos y gastos personales, y desarrolla un plan para optimizar el flujo de caja y establecer un margen de ahorro.
2. **Desarrolla un plan de inversión personal:** Identifica al menos tres tipos de inversión en los que podrías diversificar tu portafolio personal y comienza a destinar una parte de tus ingresos hacia ellos.
3. **Establece un fondo de emergencia personal:** Si no lo tienes, crea un fondo que cubra al menos seis meses de tus gastos personales.

Después de completar los ejercicios, es momento de afinar tu enfoque con algunos tips y trucos que harán más sencilla la gestión de tus finanzas personales mientras manejas tu empresa. En esta sección, te compartiré pequeños ajustes que puedes hacer para mejorar tus hábitos financieros, desde automatizar el ahorro hasta maximizar tus inversiones con poco esfuerzo. Estos trucos te permitirán mantener el equilibrio entre tus necesidades personales y las demandas de tu negocio sin complicaciones, ayudándote a ahorrar tiempo y tomar mejores decisiones financieras de manera consistente.

Tips y Trucos

- **Automatiza tus ahorros:** Configura transferencias automáticas a cuentas de ahorro o inversión para garantizar que ahorres de manera constante.

- **Revisa tu portafolio regularmente:** Monitorea tus inversiones al menos una vez al trimestre para asegurarte de que estén alineadas con tus objetivos financieros.

Finalmente, si deseas seguir profundizando en el manejo de tus finanzas personales como emprendedor, aquí te dejo una serie de recursos adicionales. Estos materiales incluyen libros, herramientas digitales y fuentes confiables que te ayudarán a mejorar aún más tu planificación financiera. Porque aprender a gestionar tus finanzas personales no es solo un paso hacia la estabilidad, sino también una inversión en tu futuro. ¡Con estos recursos estarás mejor preparado para tomar decisiones inteligentes y asegurar tanto tu bienestar financiero como el de tu negocio!

Recursos Adicionales

- **Libros recomendados:** "El inversor inteligente" de Benjamin Graham, "Padre Rico, Padre Pobre" de Robert Kiyosaki.

- **Cursos online:** "Personal Finance for Entrepreneurs" en Coursera, "Wealth Management" en edX.

"La libertad financiera es el resultado de disciplinar tus hábitos de gasto." – **Suze Orman**

Conclusión

Reflexiones y Próximos Pasos hacia el Éxito Financiero

Al concluir este recorrido por las **finanzas inteligentes**, es importante reflexionar sobre los principales aprendizajes y, lo que es más crucial, trazar el camino para seguir avanzando en tu **dominio financiero**. A lo largo de este libro, hemos explorado diversas herramientas, estrategias y conceptos diseñados para empoderarte en la toma de decisiones financieras más informadas, pero este es solo el inicio de un **viaje continuo** hacia la **maestría financiera**.

Revisión de los Puntos Clave

1. Entender las Finanzas de Tu Negocio

Uno de los primeros pasos fundamentales hacia el **éxito financiero** es el **conocimiento profundo** de la salud financiera de tu empresa. Saber **leer e interpretar** correctamente los **estados financieros** te permite tomar decisiones basadas en datos sólidos. Ahora comprendes la importancia de mantener un control constante sobre el **balance general**, el **estado de resultados** y los **flujos de caja** para medir el rendimiento de tu negocio.

- **Acción recomendada**: Revisa de manera regular tus informes financieros y utiliza **ratios financieros** para evaluar la eficiencia y rentabilidad de tu empresa. La familiaridad con estas métricas te dará una mayor capacidad para identificar áreas de mejora y reaccionar rápidamente ante cualquier señal de alerta.

2. Maximización del Flujo de Caja

El flujo de caja es el pilar que sostiene la operación diaria de tu empresa. Aprendiste cómo optimizar el flujo de ingresos y reducir los gastos innecesarios, asegurando que tu negocio siempre cuente con **liquidez suficiente** para operar y crecer. Comprender los mecanismos detrás de la **gestión eficiente de inventarios**, **cuentas por cobrar** y **cuentas por pagar** te posiciona mejor para mantener un flujo de caja saludable.

- **Acción recomendada**: Establece un plan de **gestión de flujo de efectivo** que monitoree regularmente las entradas y salidas de capital. Automatiza procesos como la facturación y los pagos para evitar retrasos que puedan impactar la liquidez.

3. Planificación Financiera Estratégica

La **planificación financiera** a largo plazo es clave para el éxito sostenido. Hemos visto cómo los **presupuestos detallados** y las **proyecciones financieras** te ayudan a prever desafíos futuros y aprovechar oportunidades con una base financiera sólida. Crear un plan financiero que abarque todas las áreas de tu negocio te permite no solo **crecer** de manera controlada, sino también protegerte contra crisis inesperadas.

- **Acción recomendada**: Revisa y ajusta tus **presupuestos anualmente** y realiza proyecciones a mediano y largo plazo para mantener el control de las necesidades financieras futuras. Utiliza herramientas como **software de planificación financiera** para mantener tus proyecciones actualizadas.

4. Financiamiento Inteligente y Gestión del Capital

Elegir el tipo de **financiamiento adecuado** es una de las decisiones más críticas para el crecimiento de tu negocio. A lo largo de este libro, se han revisado las distintas opciones de financiamiento, desde **deuda** hasta **capital**, y cómo cada una puede afectar la estructura financiera y operativa de tu empresa. Saber negociar términos favorables y evaluar el **costo del capital** te proporciona una ventaja competitiva.

- **Acción recomendada**: Evalúa periódicamente tus necesidades de financiamiento y asegúrate de que cualquier nueva inversión se ajuste a tu capacidad de **generar retornos** que superen el costo del financiamiento. No te olvides de **diversificar** tus fuentes de financiación cuando sea posible.

5. Gestión del Riesgo Financiero

Inteligencia Financiera

La identificación y mitigación de los **riesgos financieros** fue otro tema clave abordado en este libro. Las empresas están expuestas a múltiples riesgos, desde cambios en el mercado hasta fluctuaciones en las tasas de interés. Implementar un sistema eficaz para **identificar riesgos** y desarrollar planes de contingencia es esencial para proteger tu negocio de situaciones imprevistas que puedan amenazar su estabilidad.

- **Acción recomendada**: Desarrolla un **mapa de riesgos financieros** y establece estrategias para cada escenario posible, como la diversificación de proveedores, la contratación de seguros y la revisión regular de tu exposición a la deuda. Mantén **políticas de contingencia** actualizadas para garantizar una respuesta rápida ante cualquier eventualidad.

6. Crecer de Forma Sostenible

El **crecimiento empresarial** es uno de los objetivos finales de la gestión financiera, pero este debe ser **sostenible** y alineado con la capacidad financiera de la empresa. Como has aprendido, el crecimiento no se trata solo de expandirse a nuevos mercados, sino de hacerlo de manera que los recursos financieros estén adecuadamente gestionados para no sobrecargar la estructura de la organización.

- **Acción recomendada**: Antes de expandir tu negocio, realiza un **análisis de viabilidad** para asegurarte de que cuentas con los recursos necesarios y que el crecimiento no pondrá en riesgo la estabilidad financiera de tu empresa. Considera formas de

diversificar productos y mercados, pero siempre dentro de las capacidades de tu estructura de capital.

Próximos Pasos hacia la Maestría Financiera

El conocimiento adquirido a lo largo de este libro te ha proporcionado una sólida base sobre la cual construir un futuro financiero exitoso para tu empresa. Sin embargo, la **maestría financiera** no es un estado fijo, sino un proceso continuo de aprendizaje, **adaptación** y **mejora**. En un entorno empresarial en constante cambio, los empresarios y gestores deben mantenerse actualizados y ser proactivos en la adopción de **nuevas tendencias** y **tecnologías financieras**.

1. Formación Continua

La **educación financiera** nunca debe detenerse. Con la aparición constante de nuevas herramientas, tecnologías y regulaciones, es vital que sigas mejorando tus **habilidades financieras**. Desde cursos en línea hasta certificaciones profesionales, existen numerosas formas de seguir ampliando tus conocimientos.

2. Uso de Herramientas Digitales

Las **herramientas tecnológicas** desempeñan un papel crucial en la gestión eficiente de las finanzas. Implementar **software** de gestión financiera puede ahorrarte tiempo, mejorar la precisión y ofrecerte una visión clara de la situación financiera en tiempo real.

- **Acción recomendada**: Invierte en **software financiero** que integre la contabilidad, el análisis de datos y la planificación de recursos. Estas herramientas pueden facilitar la toma de decisiones informada y ayudar a automatizar procesos clave.

3. Networking y Mentoring

Aprender de otros que han recorrido un camino similar puede ser invaluable. Considera unirte a **redes de emprendedores** y participar en **eventos financieros** donde puedas intercambiar ideas, experiencias y aprendizajes con otros líderes empresariales. Además, buscar el apoyo de un **mentor financiero** puede ofrecerte una perspectiva externa que te ayude a tomar decisiones estratégicas con mayor confianza.

4. Adoptar una Mentalidad de Crecimiento

Finalmente, adoptar una **mentalidad de crecimiento** es esencial para avanzar en el dominio financiero. En lugar de evitar riesgos, aprende a gestionarlos y a ver los desafíos como **oportunidades** para innovar, mejorar y crecer.

Apéndices

Recursos y Herramientas

A lo largo de este libro, hemos cubierto una variedad de conceptos y estrategias que pueden transformar la manera en que gestionas las finanzas de tu negocio. Para facilitar la **implementación práctica** de estos conocimientos, a continuación, se presenta una selección de **recursos adicionales**, **software** y **cursos recomendados** que te ayudarán a optimizar la administración financiera de tu empresa.

Plantillas y Documentos Financieros

Estas plantillas te permitirán **estructurar y gestionar** diferentes aspectos financieros de tu negocio de manera eficiente. Son personalizables y fáciles de utilizar para garantizar que puedas **monitorear, analizar y planificar** adecuadamente tus finanzas.

1. **Plantilla de Flujo de Caja**
    - Descripción: Una hoja de cálculo diseñada para rastrear y pronosticar tus entradas y salidas de efectivo.
    - Enlace sugerido: Microsoft Excel, Google Sheets.

- Aplicación: Úsala para tener una visión clara de tu liquidez en períodos mensuales, trimestrales y anuales.

2. **Presupuesto Empresarial Anual**

    - Descripción: Plantilla que te ayuda a planificar los ingresos, costos y gastos previstos para el año fiscal.
    - Enlace sugerido: Google Sheets, Plantillas gratuitas en plataformas como Vertex42.
    - Aplicación: Proporciona una estructura para gestionar tu presupuesto y ajustarlo según las fluctuaciones de tus operaciones.

3. **Estado de Resultados**

    - Descripción: Esta plantilla te permitirá hacer un seguimiento de los ingresos y los gastos operativos para evaluar la rentabilidad.
    - Enlace sugerido: Excel, QuickBooks.
    - Aplicación: Úsala mensualmente para analizar el desempeño financiero de tu empresa.

4. **Análisis de Ratios Financieros**

    - Descripción: Una herramienta para calcular indicadores clave como la rentabilidad, liquidez y solvencia.
    - Enlace sugerido: Excel, Smartsheet.

- Aplicación: Ideal para tener un panorama completo de la salud financiera de tu empresa.

5. **Plantilla de Análisis de Punto de Equilibrio**
   - Descripción: Ayuda a calcular el volumen de ventas necesario para cubrir todos los costos.
   - Enlace sugerido: Plantillas prediseñadas en Excel o Google Sheets.
   - Aplicación: Es fundamental para las startups o empresas que buscan entender el volumen de ventas requerido para empezar a generar beneficios.

Software Recomendado

La **automatización** y el uso de **herramientas digitales** pueden simplificar enormemente la gestión financiera. A continuación, se incluyen opciones de software que destacan por su fiabilidad, capacidad de integración y facilidad de uso.

1. **QuickBooks**
   - Descripción: Software de contabilidad fácil de usar que ofrece soluciones para pequeñas y medianas empresas.
   - Funciones clave: Facturación automatizada, gestión de nóminas, informes financieros y sincronización bancaria.

- Ideal para: Empresas pequeñas y medianas que buscan una herramienta integral para llevar la contabilidad.

2. **Xero**

    - Descripción: Plataforma de contabilidad en línea que facilita la gestión de las finanzas empresariales.
    - Funciones clave: Facturación, control de inventario, conciliación bancaria automática, colaboración en la nube.
    - Ideal para: Empresas que buscan soluciones en la nube para facilitar la colaboración remota y la gestión de finanzas en tiempo real.

3. **Wave**

    - Descripción: Software gratuito de contabilidad, ideal para pequeñas empresas y freelancers.
    - Funciones clave: Gestión de facturas, seguimiento de ingresos y gastos, herramientas de contabilidad.
    - Ideal para: Emprendedores o pequeñas empresas con presupuestos limitados que necesitan una herramienta básica de contabilidad sin costos adicionales.

4. **Zoho Books**

    o Descripción: Herramienta de contabilidad que integra la gestión de inventarios, facturación y seguimiento de gastos.

    o Funciones clave: Automatización de pagos, administración de impuestos, gestión de proyectos y análisis financiero.

    o Ideal para: Empresas que buscan una plataforma integral con funciones avanzadas de automatización.

5. **Expensify**

    o Descripción: Aplicación móvil que simplifica la gestión de gastos y la creación de informes.

    o Funciones clave: Captura de recibos, informes de gastos automatizados, integración con plataformas de contabilidad.

    o Ideal para: Empresas que necesitan una forma rápida y eficiente de controlar los gastos y generar informes.

Cursos Adicionales

Si deseas seguir profundizando en el manejo de las finanzas empresariales, te recomendamos los siguientes cursos. Estos han sido seleccionados por su contenido práctico y su enfoque en el desarrollo de habilidades aplicables directamente en el entorno laboral.

Inteligencia Financiera

1. **"Fundamentals of Financial Management" (Coursera)**

   - Descripción: Este curso cubre los principios esenciales de la gestión financiera, desde la planificación hasta el análisis de datos financieros.
   - Plataforma: Coursera.
   - Ideal para: Empresarios y profesionales que buscan mejorar su capacidad para tomar decisiones financieras.

2. **"Financial Analysis for Business Decisions" (edX)**

   - Descripción: Este curso se enfoca en el uso de análisis financieros para tomar decisiones estratégicas, utilizando herramientas como el análisis de ratios y la valoración de empresas.
   - Plataforma: edX.
   - Ideal para: Ejecutivos y gerentes que desean perfeccionar sus habilidades en el análisis financiero.

3. **"Introduction to Corporate Finance" (Khan Academy)**

   - Descripción: Proporciona una base sólida en conceptos clave como el valor temporal del dinero, evaluación de proyectos de inversión y análisis de riesgos financieros.
   - Plataforma: Khan Academy.

Inteligencia Financiera

- o Ideal para: Aquellos que necesitan una introducción clara y accesible a las finanzas corporativas.

4. **"Six Sigma Green Belt Financial Training" (Udemy)**
   - o Descripción: Curso orientado a la mejora continua, aplicando **Lean Six Sigma** para mejorar la eficiencia financiera.
   - o Plataforma: Udemy.
   - o Ideal para: Profesionales que buscan reducir los costos operativos y aumentar la eficiencia utilizando herramientas avanzadas de gestión financiera.

Inteligencia Financiera

Glosario de Términos Financieros

Activos: Recursos controlados por la empresa que tienen el potencial de generar beneficios futuros, como propiedades, efectivo, inventario o inversiones.

Amortización: Proceso de distribuir el costo de un activo intangible (como una patente) a lo largo de su vida útil.

Análisis de Flujo de Caja: Evaluación del efectivo que entra y sale de una empresa, utilizada para garantizar que haya suficiente liquidez para operar.

Balance General: Estado financiero que muestra los activos, pasivos y patrimonio neto de una empresa en un momento específico, proporcionando una visión de su salud financiera.

Capital de Trabajo: Diferencia entre los activos corrientes y los pasivos corrientes de una empresa. Indica si una empresa tiene suficiente liquidez para cubrir sus obligaciones a corto plazo.

Costos Fijos: Gastos que no varían con el nivel de producción o ventas, como el alquiler o los salarios de empleados permanentes.

Costos Variables: Gastos que cambian directamente en relación con el nivel de producción o ventas, como el costo de las materias primas.

EBITDA: Siglas de "Earnings Before Interest, Taxes, Depreciation, and Amortization" (Ganancias antes de intereses, impuestos, depreciación y amortización). Es una medida de la rentabilidad operativa de una empresa.

Flujo de Caja: Movimiento de dinero dentro y fuera de una empresa. Un flujo de caja positivo indica que la empresa genera más efectivo del que gasta.

Liquidez: Capacidad de una empresa para convertir activos en efectivo rápidamente para cumplir con sus obligaciones a corto plazo.

Pasivos: Obligaciones financieras que una empresa debe pagar en el futuro, como préstamos, cuentas por pagar o impuestos.

Patrimonio Neto: Diferencia entre los activos y pasivos de una empresa, también conocido como el valor contable o capital propio.

Rentabilidad: Capacidad de una empresa para generar ganancias sobre sus ingresos o inversiones. Se mide comúnmente con ratios como el **ROE** (Return on Equity) o **ROA** (Return on Assets).

Tasa Interna de Retorno (TIR): Medida de la rentabilidad de una inversión que indica la tasa de descuento que hace que el valor presente neto (VPN) de todos los flujos de caja futuros sea igual a cero.

Valor Presente Neto (VPN): Método para evaluar la rentabilidad de una inversión, calculando el valor presente de los flujos de caja futuros descontados a una tasa específica.

¡Los 100 Consejos para Emprendedores!

1. **Define tu Visión Financiera**: Establece metas claras y un plan financiero a largo plazo para tu negocio.

2. **Conoce tus Costos Fijos y Variables**: Entender los gastos fijos y variables te permite gestionar eficientemente tus recursos. *

3. **Mantén un Presupuesto Actualizado**: Un presupuesto bien gestionado es clave para evitar sorpresas financieras y tomar decisiones informadas.

4. **Diversifica tus Fuentes de Ingresos**: Dependiendo de una única fuente de ingresos puede ser riesgoso; diversificar reduce la vulnerabilidad. *

5. **Construye un Fondo de Emergencia**: Tener un colchón financiero te brinda estabilidad en momentos de incertidumbre.

6. **Invierte en Educación Financiera**: La comprensión profunda de las finanzas es esencial; invierte tiempo en aprender y actualizarte.

7. **Negocia con Proveedores y Clientes**: Siempre busca acuerdos beneficiosos que mejoren los márgenes de tu negocio.

8. **Utiliza Tecnología Financiera**: Herramientas y aplicaciones pueden simplificar la gestión financiera diaria.

Inteligencia Financiera

9. **Haz un Seguimiento Riguroso de Ingresos y Gastos**: Mantén un registro detallado para tomar decisiones basadas en datos concretos. *

10. **Establece Precios Estratégicos**: Calcula precios que cubran costos y generen ganancias sostenibles.

11. **Cuida tu Crédito Empresarial**: Un buen historial crediticio facilita obtener financiamiento en el futuro.

12. **Aprende a Delegar**: Delegar tareas no solo ahorra tiempo, sino que también permite centrarte en actividades más estratégicas.

13. **Implementa Sistemas de Pago Eficientes**: Agilizar los procesos de pago mejora la liquidez y la relación con proveedores.

14. **Evalúa Constantemente tu Modelo de Negocio**: El entorno cambia; ajusta tu modelo de negocio según sea necesario. *

15. **Ofrece Descuentos por Pago Adelantado**: Incentiva pagos rápidos para mejorar el flujo de efectivo.

16. **Ahorra en Costos Operativos**: Revisa constantemente tus procesos para identificar oportunidades de ahorro.

17. **Mantén una Buena Relación con tu Banco**: Una relación sólida facilita el acceso a servicios financieros.

18. **Invierte en Marketing Eficiente**: Un marketing bien planificado maximiza el retorno de inversión. *

19. **Evalúa el Retorno de Inversión (ROI)**: Analiza el rendimiento de cada inversión para optimizar futuras decisiones.

20. **Fomenta un Ambiente de Trabajo Productivo**: Empleados felices y productivos contribuyen al éxito financiero.

21. **Ahorra para Impuestos**: Establece reservas para cumplir con obligaciones fiscales.

22. **Conoce a tu Competencia**: Entender el mercado te ayuda a ajustar estrategias y precios. *

23. **Automatiza Procesos Financieros**: Reduzca errores y ahorre tiempo con la automatización.

24. **Planifica para el Pago de Deudas**: Tener un plan de pago estructurado evita problemas financieros a largo plazo.

25. **Mantén Relaciones Transparentes con Inversionistas**: La confianza es clave en cualquier relación financiera.

26. **Cuida tu Salud Financiera Personal**: La estabilidad personal influye en la toma de decisiones empresariales.

27. **Aprende de tus Errores Financieros**: Los errores son oportunidades de aprendizaje; analiza y mejora.

28. **Establece Metas Financieras a Corto y Largo Plazo**: Define objetivos concretos para guiar tu progreso.

29. **Evalúa la Rentabilidad por Cliente**: Enfócate en clientes que generen mayores beneficios.

30. **Mantén un Buen Control de Inventario**: Evita excesos o faltantes que afecten la liquidez.

31. **Asegura tus Activos Comerciales**: Protege tu negocio contra riesgos como incendios o robos.

32. **Negocia Plazos de Pago Favorables con Proveedores**: Obtener términos flexibles mejora la gestión de efectivo.

33. **Cuida tu Crédito Personal**: Un buen historial personal puede respaldar solicitudes de crédito empresarial.

34. **Promueve la Innovación Continua**: La innovación puede generar ingresos adicionales y mejorar la eficiencia. *

35. **Establece Metas de Ahorro Mensuales**: Ahorrar de manera consistente mejora la estabilidad financiera.

36. **Conoce tu Ciclo de Efectivo**: Comprender los tiempos entre gastos e ingresos es crucial para la gestión financiera.

37. **Crea Alianzas Estratégicas**: Colaborar con otras empresas puede generar oportunidades financieras.

38. **Mantente al Día con Cambios Regulatorios**: Cumplir con las regulaciones evita multas y problemas legales.

39. **Desarrolla un Plan de Contingencia Financiera**: Prevé escenarios adversos y establece planes de contingencia.

40. **Monitorea las Tendencias del Mercado**: Adaptarte a cambios en el mercado es esencial para el crecimiento.

41. **Ofrece Programas de Lealtad a Clientes**: Fomenta la retención de clientes a largo plazo.

42. **Evalúa la Rentabilidad de Productos/Servicios**: Enfócate en lo que genera mayores beneficios.

43. **Invierte en Tecnología de Seguridad Financiera**: Protege tus datos y activos contra amenazas cibernéticas.

44. **Establece Metas de Pago para Clientes Morosos**: Un proceso estructurado mejora la recuperación de cuentas pendientes.

45. **Cultiva Relaciones con Profesionales Financieros**: Contadores, asesores fiscales y abogados pueden ofrecer orientación valiosa.

46. **Mantén un Control Estricto de Gastos de Viaje y Entretenimiento**: Evita gastos innecesarios.

47. **Optimiza tu Sitio Web para Conversión**: Mejora la eficacia de tu presencia en línea.

48. **Construye una Reserva para Gastos Inesperados**: Anticipa imprevistos para evitar crisis financieras.

Inteligencia Financiera

49. **Promueve la Transparencia Financiera Interna**: Involucra a tu equipo en la gestión financiera para crear conciencia.

50. **Revisa Contratos Regularmente**: Asegúrate de que los términos contractuales sigan

51. Aprende a Decir No: Evalúa oportunidades antes de comprometerte para evitar gastos innecesarios.

52. Invierte en Marketing Digital: Una presencia sólida en línea puede generar clientes potenciales.

53. Mantén una Comunicación Clara con Clientes y Proveedores: La transparencia evita malentendidos financieros.

54. Establece Políticas de Crédito Claras para Clientes: Define términos y condiciones desde el principio.

55. Automatiza la Facturación: Agiliza el proceso y reduce errores manuales.

56. Mantén una Cultura de Ahorro en el Negocio: Inculcar el ahorro en la cultura empresarial mejora la estabilidad financiera.

57. Negocia Tarifas Bancarias: Busca acuerdos que minimicen costos por servicios bancarios.

58. Diversifica tu Cartera de Inversiones: Si inviertes, distribuye riesgos en diferentes activos.

59. Ofrece Descuentos por Pago Anticipado a Proveedores: Negocia términos beneficiosos para ambos.

Inteligencia Financiera

60. Prioriza el Pago de Deudas con Intereses Altos: Reduce los costos financieros pagando deudas caras primero.

61. Aprende sobre Inversiones a Largo Plazo: Explora opciones que generen beneficios sostenibles.

62. Implementa un Sistema de Recuperación de Cartera: Maximiza la recuperación de cuentas pendientes.

63. Invierte en Marketing de Contenidos: Construir una reputación sólida puede generar confianza y clientes.

64. Establece Políticas de Devolución y Reembolso Claras: Evita pérdidas innecesarias.

65. Desarrolla una Estrategia de Reducción de Costos: Identifica áreas donde se pueda ahorrar sin sacrificar la calidad.

66. Haz un Seguimiento Riguroso de Facturas: Evita retrasos en los pagos por falta de seguimiento.

67. Mantén una Reserva para Actualizaciones Tecnológicas: Planifica para mantener tu infraestructura tecnológica actualizada.

68. Diversifica tu Cartera de Clientes: Reduzca el riesgo dependiendo de un solo cliente.

69. Conoce los Incentivos Fiscales para Empresas: Aprovecha beneficios fiscales para optimizar el pago de impuestos.

70. Desarrolla Habilidades de Negociación: Negociar términos favorables impacta directamente en la rentabilidad.

71. Implementa Programas de Desarrollo Profesional para Empleados: Mejora la eficiencia y la productividad de tu equipo.

72. Mantén un Control Estricto de Inventario: Evita pérdidas por obsolescencia o deterioro.

73. Utiliza Estrategias de Marketing de Influencers: Colaborar con influencers puede aumentar la visibilidad de tu negocio.

74. Establece un Fondo para Investigación y Desarrollo: Invierte en la mejora continua de productos/servicios.

75. Aprende sobre Estrategias de Cobertura Cambiaria: Protege tu negocio contra fluctuaciones de divisas.

76. Invierte en un Buen Sistema de Seguridad: Protege activos físicos y digitales contra robos y fraudes.

77. Automatiza Procesos de Recursos Humanos: Simplifica la administración de personal para centrarte en el crecimiento.

78. Establece Metas de Ahorro de Energía: Reduzca costos operativos mediante eficiencia energética.

79. Conoce las Tendencias del Mercado Financiero: Estar al tanto de cambios en el mercado financiero ayuda en la toma de decisiones.

Inteligencia Financiera

80. Optimiza tu Presencia en Redes Sociales: Utiliza plataformas sociales para construir relaciones y atraer clientes.

81. Mantén un Control Riguroso de Gastos de Representación: Evita gastos innecesarios en eventos y actividades de relaciones públicas.

82. Fomenta la Innovación en el Equipo: Ideas innovadoras pueden generar eficiencias y nuevos ingresos.

83. Promueve la Salud Financiera Personal de Empleados: Empleados financieramente estables son más productivos.

84. Mide la Satisfacción del Cliente Regularmente: Clientes satisfechos son más propensos a repetir negocios.

85. Establece Protocolos de Seguridad de Datos: Protege la información confidencial de clientes y de la empresa.

86. Aprende a Negociar Contratos de Arrendamiento: Obtén términos favorables para reducir costos operativos.

87. Invierte en Desarrollo Personal Continuo: Mejora tus habilidades de liderazgo y toma de decisiones.

88. Conoce los Ciclos Económicos: Adaptarte a las fluctuaciones económicas es clave para la supervivencia a largo plazo.

89. Fomenta la Responsabilidad Financiera en el Equipo: Involucra a los empleados en la gestión responsable de recursos.

90. Mantén un Fondo para Gastos Inesperados de Marketing: Aprovecha oportunidades sin comprometer tu presupuesto principal.

91. Diversifica Canales de Venta: No dependas exclusivamente de un canal de distribución.

92. Negocia Términos de Pago con Clientes Grandes: Mejora la gestión de flujo de efectivo negociando términos beneficiosos.

93. Conoce y Cumple con las Normativas Ambientales: Evita multas y mejora la imagen de tu empresa.

94. Mantén una Política de Devolución Flexible: Brinda a los clientes confianza en sus compras.

95. Desarrolla una Estrategia de Comunicación de Crisis: Prevé y gestiona crisis para minimizar impactos financieros.

96. Optimiza tu Sitio Web para SEO: Aumenta la visibilidad en línea para atraer clientes potenciales.

97. Mantén Actualizado tu Plan de Continuidad de Negocios: Prevé situaciones que podrían afectar la operación normal.

98. Crea una Cultura de Innovación Constante: Fomenta la generación de ideas y mejoras en todos los niveles.

Inteligencia Financiera

99. Diversifica tus Inversiones Personales: No pongas todos tus recursos en un solo tipo de activo.

100. Celebra los Éxitos Financieros Pequeños y Grandes: Reconoce y celebra los logros para motivar al equipo y mantenerte enfocado en metas más grandes.

Consejo Clave: Utiliza la guía práctica de los 100 consejos como un mapa detallado para navegar por el complejo mundo financiero del emprendimiento. No temas adaptar y personalizar estos consejos según las necesidades específicas de tu negocio. La consistencia y la disciplina en la aplicación de estas prácticas te ayudarán a construir una base financiera sólida y sostenible para tu empresa.

Recuerda, el viaje emprendedor es un proceso continuo de aprendizaje. ¡Buena suerte en tu nueva empresa!

Inteligencia Financiera

Bibliografía

- Brealey, R. A., Myers, S. C., & Allen, F. (2020). *Principles of Corporate Finance*. McGraw-Hill Education.

- Graham, B. (2006). *El inversor inteligente*. HarperCollins.

- Kiyosaki, R. (2000). *Padre Rico, Padre Pobre: Qué les enseñan los ricos a sus hijos sobre el dinero, que las clases media y pobre no!*. Plata Publishing.

- Mankiw, N. G. (2018). *Macroeconomía*. Worth Publishers.

- Mullins, J. W. (2014). *The New Business Road Test: What entrepreneurs and executives should do before writing a business plan*. Pearson.

- Ries, E. (2011). *The Lean Startup: How Today's Entrepreneurs Use Continuous Innovation to Create Radically Successful Businesses*. Crown Business.

- Ross, S. A., Westerfield, R. W., & Jaffe, J. (2019). *Corporate Finance*. McGraw-Hill Education.

- Thaler, R. H. (2016). *Misbehaving: The Making of Behavioral Economics*. W.W. Norton & Company.

- Timmons, J. A., & Spinelli, S. (2009). *New Venture Creation: Entrepreneurship for the 21st Century*. McGraw-Hill Education.

Inteligencia Financiera

www.ingramcontent.com/pod-product-compliance
Lightning Source LLC
Chambersburg PA
CBHW031608210526
45464CB00004B/1476